मेवाड़ का भीष्मपितामह

श्याम सुन्दर भट्ट

INDIA • SINGAPORE • MALAYSIA

Notion Press

No.8, 3rd Cross Street,
CIT Colony, Mylapore,
Chennai, Tamil Nadu – 600004

First Published by Notion Press 2020

ISBN 978-1-63714-613-2

आत्म कथ्य

श्री नाथद्वारा में एक दिन रामचरित्र मानस पर प्रवचन सुनने गया। कथा वाचक ने कहा कि गोस्वामी तुलसीदासजी ने मानस में जब चौपाईंयों का क्रम आरंभ किया तो सर्वप्रथम भगवान रामचन्द्र की स्तुति के पूर्व भरत जी की वंदना की गई। भरती जी की वंदना क्यों की ? इस प्रश्न का उत्तर मुझे महाकवि कालिदास के रघुवंश काव्य के त्रयोदश सर्ग में मिला। वहाँ भरत के आत्म नियंत्रण लिए एक उदाहरण दिया गया है। कवि कहता है कि किसी युवक की जंघा पर राज्य लक्ष्मी रूपी षोढ़शी बैठी हो और युवक का मन तनिक भी विचलित न हो, ऐसे आत्म नियंत्रण का मूर्तिमंत स्वरूप भरत था। महाभारत कालीन देवव्रत (भीष्म) ने भी अपने पिताश्री की प्रसन्नता हेतु राज्य सत्ता से स्वयं को विलग रखने का दृढ़ निश्चय किया था।

मेवाड़ वंश के इतिहास में महाराज चूण्डा उसी क्रम का आत्मसंयमी, सत्यव्रत और वचनों का पक्का व्यक्तित्व था। समर्पिता राज्यलक्ष्मी को अपने पूज्य पिता की सामान्य विनोदजन्य घटना पर सदा – सदा के लिए तिलांजलि देने वाला यह सपूत, जीवन भर प्रताड़ित और निष्कासित रहा किन्तु कभी भी लीक से नहीं हटा। ऐसे इतिहास पुरूष ने न केवल अपने वंश को अपितु मेवाड़ के अनेकानेक विजातीय योद्धाओं को भी प्रेरित किया है। महाराज चूण्डा की महानता एक उदाहरण से स्पष्ट हो जाती है। जब महाराणा सांगा का खानवा में बाबर से युद्ध चल रहा था, तब चूण्डा के पौत्र रत्नसिंह को सांगा के घायल होने पर छत्र और चँवर धारण कराकर नकली महाराणा बनाए जाने का प्रस्ताव, सामंतों ने प्रस्तुत किया किन्तु उस समय भी सत्यव्रत चूण्डा के उस वंशज ने यह कहकर छत्रधारण करने से मना कर दिया कि ऐसा करना पूर्वज चूण्डा का अपमान होगा। राज्य लिप्सा को चूण्डा की आने वाली पीढ़ी ने भी अपने जीवन में स्थान नहीं दिया। इतिहास साक्षी है कि ऐसे कुल प्रवर्तक के वंशज कालान्तर में मेवाड़ में आए विदेशी झंझावातों के समय भी महाराणाओं के साथ कठोर चट्टान की भाँति अडिग डटे रहे। उन्हीं प्रातः स्मरणीय महापुरूष के चरित्र को उपन्यास के रूप में बांधने का प्रयास लेखक ने किया है। घटनाओं का संकलन – कविराज सांवलदास, कर्नल टॉड, गौरीशंकर हीराशंकर ओझा, डॉ. गोपीनाथ, रामवल्लभ सोमानी, नेणसी, जगदीश गहलोत, रेऊ, अबुल फजल, फिरिश्ता, आसोपा, रामकर्ण, मथुरालाल शर्मा जैसे लेखकों की कृतियों से किया गया है।

राधादेवी जैसे स्त्री पात्र को छोड़कर समस्त पात्र ऐतिहासिक है। पात्रों के चरित्रों को इतिहास की घटनाओं के अनुरूप बनाने का प्रयास किया है, अतः मतभेद तो हो ही सकते हैं। मैं उस समस्त लेखकों के प्रति नतमस्तक हूँ, जिनकी कृतियों को पढ़कर चूण्डा जैसे व्यक्ति को कुछ समझ पाया।

प्रकाशन के संचालक श्री भार्गव के प्रति आभार प्रकट करता हूँ कि उन्होंने इसे सुन्दर साज सज्जा के साथ पुस्तकाकार में आप तक पहुँचाया है। इस अवसर पर मेरे मित्र एवं सहयोगी श्री पुरूषोतम जी पुरोहित, श्री जगदीश जी पालीवाल, श्री कैलाश भारती एवं राजस्थान वनवासी कल्याण परिषद् के समस्त सहकर्मियों के स्नेह को विशेष रूप से स्मरण करता हूँ। श्रीमती कमला भट्ट एवं परिवार के सदस्यों की सेवाओं के प्रति भी आभार प्रकट करता हूँ, जिसके परिणाम स्वरूप मैं पठन – पाठन में लगा रहकर चूण्डा जैसे व्यक्तित्व को समझ सका। टंकण सेवा का दायित्व वहन करके, श्रीमती रमा जोशी ने जो सहयोग दिया हैं, इस निमित्त वे धन्यवाद की पात्र है। पाठकों के सुझावों की अपेक्षा करता हुआ आशा करता हूँ कि यदि यह प्रयास किसी एक पाठक के हृदय को भी बदल पाया तो यह लेखन सार्थक होगा।

निवेदक

उदयपुर
कार्तिक पूर्णिमा
संवत् 2076

श्याम सुन्दर भट्ट
15/6, सागर एन्क्लेव
विद्याभवन रोड़, फतहपुरा,
उदयपुर – 313001
फोन नं. 0294 – 2451798
मो. 9413666395,610666089

1

चित्तौड़गढ़ से उत्तर–पश्चिम दिशा की ओर एक गाँव है – पूँठोली। यह गांव चित्तौड़गढ़ शहर से लगभग आठ दस किलोमीटर दूर स्थित है। इस गाँव के पास ही भारत सरकार का बहुत बड़ा सार्वजनिक उपक्रम–हिन्दुस्तान जिंक स्मेल्टर बना हुआ है। इस गाँव और आजोलियाँ का खेड़ा गाँव के बीच एक नाला बहता है। नाले का सम्बन्ध पूँठोली गाँव के पीछे पहाड़ी नाके के पास स्थित फूटे तालाब से है। तालाब किसी युग में बहुत बड़ी झील के रूप में प्रसिद्ध था। जनश्रुतियों के अनुसार इस तालाब का निर्माण ईसा की सातवीं शताब्दी में चित्तौड़गढ़ के मौर्यवंशी शासक राजा मानसिंह ने कराया था। इस झील के तट पर पक्के घाट बने हुए थे। आज भी टूटी हुई पाल के पास घाटों और देवालयों के खण्डहर देखे जा सकते हैं। यहीं पहाड़ी के ढ़ाल पर जो कि टूटी हुई पाल का ही एक भाग जैसा दिखाई देता है, एक भग्न शिवालय है।

शिवालय के चारों और पड़े प्रस्तरखण्डों एवं मंदिर की आधार पीठिका को देखकर यह अनुमान सहज ही लगाया जा सकता है कि उस स्थान पर बहुत ही भव्य शिव मंदिर रहा होगा। भगवान शिव की विशाल प्रतिमा आज भी विद्यमान है। यह प्रतिमा उस युग की ही है, इस तथ्य को सत्यतापूर्वक चाहे हम नहीं कह सके, किन्तु इतना अवश्य है कि यह प्रतिमा बहुत प्राचीन है, बड़े आकार की है और वहाँ के निवासियों के अनुसार याचकों की कामनाओं को आज भी शीघ्र पूरा करने में सक्षम है। आस–पास के लोगों की सदियों से चली आ रही आस्था का केन्द्र यह शिवालय है। अजन्मा, निराकार एवं आदिदेव शिव के उस पाषाण विग्रह का क्या नाम रहा होगा, इसका उत्तर दिया जाना इतिहास की खोज का विषय है तथापि यहाँ हम सुविधा के लिए इस मंदिर का नाम कैलाश रख लेते हैं। राजा मान द्वारा निर्मित मान सरोवर और उसके तट पर बना शिवालय ''कैलाश'' आज भी कई रहस्यों को अपने में छिपाए साधकों, अन्वेषकों एवं जिज्ञासुओं को आमंत्रित करता है।

चौदहवीं शदी का उत्तरार्द्ध चल रहा था। यह शताब्दी अपने प्रारम्भ के तीसरे वर्ष में (सन् 1303) भीषण नर संहार का अभिशाप भोग चुकी थी। इस कारूणिक घटना की रेखाएँ यद्यपि जनमानस में अपनी पहचान बनाए हुए थी तथापि नवनिर्माण की प्रसन्नता

भी सर्वत्र दिखाई देती थी। कैलाश मंदिर के पास पुनः प्राचीन परम्परा का आश्रम बन चुका था। भग्न मंदिर का निर्माण महाराणा हमीर एवं आस–पास के गांवों के लोगों के प्रयास से पूरा हो चुका था। आश्रम का अर्थ था – एक मंदिर, एक पक्का भवन और आस–पास फैले पच्चीस तीस कच्चे झोपंड़े। पहाड़ी का पूरा भाग आश्रम की सीमा में ही था। मानसरोवर झील के तट पर स्थित इस शिवालय की फहराती ध्वजा पर अंकित वृषभ का स्वरूप दूर–दूर से दिखाई देता था। मंदिर की व्यवस्था कैलाश आश्रम के कुलपति आनन्द व्यास की देखरेख में आश्रम के शिक्षक एवं विद्यार्थी करते थे। यद्यपि इस आश्रम की आर्थिक व्यवस्था हेतु विस्तृत भूमि महाराणाओं की ओर से उपलब्ध कराई गई थी, तथापि अधिकांश व्यवस्था राजकीय अनुदान एवं समर्थ लोगों द्वारा प्रदत्त आर्थिक सहयोग पर ही आधारित थी।

आश्रम में प्रातःकालीन वेद–पाठ की वेला पूरी हो चुकी थी। मंदिर की पूजा–अर्चना, शंख ध्वनि, घड़ियाल एवं नगाड़ों की अनुगूँज को पूरा हुए कोई आधी घड़ी बीत चुकी थी। दर्शनार्थियों का दल भी जा चुका था। कोई इक्का दुक्का भक्त अब भी अपनी पगड़ी भगवान शिव की प्रतिमा के आगे रख अनुनय – विनय कर रहा था। मंदिर के पश्चिम की ओर एक बड़े चबूतरे पर बिल्व वृक्ष की छाँया में कुलपति आनन्द व्यास अपने मृगचर्म के आसन पर बैठे शिष्यों से चर्चा में व्यस्त थे। यद्धपि यह कोई विषय शिक्षण का कालांश नहीं था तथापि कई बार कई शिष्य इस समय का उपयोग अपनी व्यक्तिगत एवं विषयगत समस्याओं के समाधान हेतु कर लिया करते थे। प्रातःकालीन पूजा के पश्चात आचार्य आनन्द व्यास का यह नित्यकर्म जैसा ही एक कार्य था कि वे मंदिर की छाँया में बिल्व के वृक्ष के नीचे कुछ समय तक बैठते थे। यहॉ अनौपचारिक चर्चाएँ हुआ करती थी। देश विदेश की राजनीति, स्थानीय घटनाक्रम, अकाल, कृषि की समस्याएँ, आम व्यक्ति के उत्थान की योजनाओं तथा आपसी झगड़ों के समाधान जैसे कई विषयों पर बातचीत होती थी। इस बातचीत में कोई भी भाग ले सकता था, चाहे वह किसान हो या व्यापारी, शिक्षक हो या विद्यार्थी, सामन्त हो या निर्धन, ब्राह्मण हो या भील, बच्चा हो या बूढ़ा, स्त्री हो या पुरुष। कई बार स्त्रियाँ अपने मुंह को घूँघट में छिपाकर किसी बच्चे को साथ ले आती और बच्चे के माध्यम से कुलपति आनन्द व्यास से अपनी समस्या का समाधान पूछती। व्यवस्था हेतु दो शिष्य भी इस अवसर पर चबूतरे के पास अपनी उपस्थिति दिया करते थे।

काल का क्रम अविरल चलता रहता है। मार्गशीर्ष मास में गीता जयन्ती आई। आज सभी आश्रमवासियों ने कैलाश मंदिर में गीता का सस्वर पाठ किया। दोपहर पश्चात जब सूर्य कुछ ढलने लगा, तब आचार्य आनन्द व्यास मंदिर के पीछे के बिल्व वृक्षों के कुंज में अपने आसन पर बैठकर ध्यानस्थ हो गये। आज दो विद्यार्थियों में महाराज कुमार चूण्डा एवं राजपुरोहित परिवार के युवक हरिशंकर पुरोहित कुलपति की सेवा हेतु चबूतरे से नीचे पीपल के वृक्ष की छाँया में बैठे ध्यानस्थ आचार्य की ओर निहारने में व्यस्त थे। समय सरकता गया परन्तु आचार्य की आँखे नहीं खुली।

"क्या ध्यान में शरीर की भी सुध नहीं रहती है, पुरोहित जी।"

"हाँ राजकुमार। ध्यान संपूर्ण मनोयोग पूर्वक लक्ष्य का संधान हुआ करता है।" आचार्य श्री की ध्यानयोग में दक्षता असाधारण है।" पुरोहित ने उत्तर दिया।

"ऐसे बहुत कम लोग धरती पर होंगे, जो ध्यान की इस उच्च स्थिति तक पहुंच पाए हो। यह मेवाड़ का सौभाग्य है कि आचार्य ने मानसरोवर के तट पर इस प्राचीन आश्रम का उद्धार किया।" स्वर राजकुमार के थे।

"अल्लाउद्दीन ने तो मंदिर और आश्रम को नष्ट करने में कोई कसर नहीं छोड़ी। हमारी जाति भी बड़ी विचित्र है। हर बार ध्वंस की धूल से पुनः अंकुरित हो उठती है।" पुरोहित का स्वर कुछ तेज हुआ। राजकुमार ने संकेत से पुरोहित को चुप किया। आचार्य ने धीरे–धीरे नेत्र खोले। दोनों शिष्यों ने प्रणाम किया। आचार्य ने उन्हें सामने बैठ जाने का संकेत किया। दूर से कई कदमों की आहट सुनाई पड़ी।

"कौन आ रहे है वत्स", गुरु की वाणी सुनकर मेवाड़ का महाराज कुमार तत्परता से उठा और चबूतरे के नीचे जाकर पहाड़ी चढ़ते लोगों को देखकर लौट आया और निवेदन किया –

"आश्रम के ही विद्यार्थी हैं गुरुदेव।" कुछ ही पलों में दस–बारह विद्यार्थी चबूतरे पर आकर आचार्य को प्रणाम करने लगे। आचार्य की आज्ञा के अनुसार सभी बैठ गए।

"कुछ पूछने आए हो", आनन्द व्यास को समझते देर नहीं लगी।

"हाँ गुरुवर।" रामप्रसाद माहेश्वरी नामक विद्यार्थी पूछ बैठा।

"क्या प्रश्न है?"

"एक श्लोक का अर्थ नहीं समझ पा रहे हैं गुरुवर।" इसके अर्थ को लेकर हम लोगों में मतभेद हो गया, अतः यह उपयुक्त समझा गया कि आपसे ही उसका समाधान पूछा जाए।

"श्लोक का उच्चारण करो, पुत्र।"

यद्यद्आचरति श्रेष्ठस्तत्देवेतरो जनः।

स यत्प्रमाणं कुरूते लोकस्तदनुवर्तते।।

"यह श्लोक श्रीमद् भगवद्गीताके तीसरे अध्याय का इक्कीसवाँ श्लोक है, आचार्यवर।" कहकर रामप्रसाद चुप हो गया।

"हरि, इसका अर्थ बताओ।" आचार्य ने पुरोहित पुत्र को पूछा।

"श्रेष्ठ पुरुष जो जो कर्म करता है, वही कर्म सामान्य जन के लिए श्रेष्ठ माना जाता है। उसी कर्म को प्रामाणिक मानकर सामान्य जन उसका अनुवर्तन करते हैं।" पंडित पुत्र हरिशंकर ने तत्काल श्लोक का अर्थ स्पष्ट किया।

"पूज्यवर। प्रश्न, श्लोक के अर्थ को लेकर नहीं है। इसका अर्थ तो सभी विद्यार्थियों को ज्ञात है किन्तु प्रश्न है कि श्रेष्ठ व्यक्ति किसे माना जाए।" रामप्रसाद ने अपना मन्तव्य प्रकट किया।

"क्या राजा को श्रेष्ठ माना जाए या किसी सामन्त को श्रेष्ठ कहा जाए। कोई देवज्ञ को श्रेष्ठ कहेगा तो कोई व्यभिचारी को। प्रश्न श्रेष्ठता की परिभाषा को लेकर है देव।" सामान्त पुत्र हरिसिंह ने प्रश्न को ओर स्पष्ट किया।

"तुम किसे श्रेष्ठ कहोगे हरिशंकर", आचार्य ने पूछा।

"वेद विहित कर्मों को करते हुए जो व्यक्ति अपना समय यापन करे, मैं उसे श्रेष्ठ कहूँगा।" हरिशंकर ने बिना किसी संकोच के स्पष्ट उत्तर दिया।

"ओर तुम महाराज कुंवर? तुम किसे श्रेष्ठ कहोगे?"

"मुझे सर्वप्रथम आपके संबोधन पर आपत्ति है, प्रभो।"

"क्यों?"

''मरे जन्म के कारण आप मुझे महाराज कुंवर का संबोधन कर मुझे अपने साथियों से भिन्न मान रहे हैं। क्या इसे न्याय कहा जाएगा? गुरुकुल में हमारा अपना कोई गोत्र, जन्म या स्थान नहीं होता है। हम सभी यहाँ आपके कुल के हैं। महाराज कुंवर का सम्बोधन आपके मुंह से मुझे ठीक नहीं लगा, आचार्यवर।'' चूण्डा का मुखमण्डल किंचित रक्तिम हो उठा।

''तुम्हारा तर्क सत्य पर आधारित है पुत्र। विषयान्तर मत होओ और स्पष्ट करो कि श्रेष्ठ व्यक्ति किसे कहेंगे।'' आचार्य के मुंह से हास्य का भाव उमड़ आया।

''मेरी समझ में जो न्याय कर सके वहीं श्रेष्ठ व्यक्ति कहा जाना चाहिए देव।''

''और तुम्हारा क्या विचार है, रामप्रसाद?''

''सारे संसार की हलचलों का आधार अर्थ है। जो अर्थ तन्त्र को अपने नियंत्रण में रखकर, देश के निवासियों की लौकिक परिस्थितियों को उचित दिशा देकर, आम आवश्यकताओं को पूरा कर सके, वही श्रेष्ठ कहा जाएगा।'' रामप्रसाद ने भी अपना मत रखा।

''यही तो हमारे मतभेदों का आधार है देव। हमारी श्रेष्ठतम की परिभाषा एक नहीं है। हम चाहेंगे कि आप अपने विचार बताएं, देव।'' हरिसिंह ने पुनः निवेदन किया।

''यह संसार किसका है। किसने इसे निर्मित किया है।'' आचार्य ने पूछा।

''जी, ईश्वर ने।'' चूण्डा ने सहज उत्तर दिया।

''यहाँ के निवासी, जीव, पेड़ों के समूह ओर जो कुछ दृश्यामान है या जो भी अपरोक्ष है, सबकुछ ईश्वर द्वारा निर्मित है। सब कुछ ईश्वरीय है। ईश्वरमय है। अर्थात् हम सभी एक ही पिता की संतान है चाहे मानव हो या पशु या कोई पेड़। यदि हम बिना किसी प्राकृतिक अवयव को हानि पहुंचाए अपनी आयु पूरी कर सके तो वह उत्तम कार्य कहा जाएगा।'' आचार्य किंचित रूके।

''क्या आप कर्म का निषेध कर रहे हैं, देव।'' चूण्डा ने पूछा।

''मेरा कथन समाप्त नहीं हुआ पुत्र। कर्म के बिना कोई भी जीव रह नहीं सकता। वह प्रत्येक व्यक्ति श्रेष्ठ है जिसके अंतर में तथा कर्म के मूल में यह भाव विद्यमान है कि सारे संसार का आश्रय, आधार, निर्माता, आविर्भावक और विस्तारक ईश्वर है। आचरण की

शुद्धता, स्नेह, दया तथा त्याग जैसे सद्गुणों का आविर्भाव व्यक्ति के मर्म में बैठे ईश्वरीय भाव के परिणाम मात्र हैं। यदि मन में अहं बैठा है तो आचरण, व्यवहार एवं अनुवर्तन में अन्य लोगों के प्रति तुच्छता के भाव स्वतः प्रकट होने लगेगे। यदि मन में अर्थ का व्यामोह छाया हुआ है तो व्यक्ति की दृष्टि अन्य लोगों के धन पर होगी। यदि शारीरिक बल की श्रेष्ठता का अभिमान हृदय के भीतर विराजमान है तो उसका आचरण पीड़ादायक होगा।'' आचार्य आनंद व्यास किंचित रूके।

ईश्वरीय सत्ता का भाव सदा सर्वदा मन में नहीं रहता है देव। क्या ऐसा कोई तरीका नहीं हो सकता कि सभी लोग इसी सत्य दृष्टि को अपना सके।'' हरिशंकर ने मौन तोड़ा।

''यह असम्भव भले ही न हो कठिन अवश्य है। ईश्वर के भाव को मन में सदा बनाये रखने का अभ्यास आवश्यक माना गया है और इसी अभ्यास के लिए यह आश्रम संचालित है, पुत्रों । शिक्षा रटन्त नहीं होती है। शिक्षा दो ओर दो का जोड़ भी नहीं है। शिक्षा का अर्थ अर्न्तदृष्टि स्पष्ट करना है। उस अन्तर्दृष्टि के विकास करने के लिए अभ्यास करना या कराना शैक्षिक प्रक्रिया है।''

वार्तालाप को मंदिर की शंखध्वनि ने विराम की स्थिति में ला दिया। संध्या हो चुकी थी। मंदिर के नगाड़े की ध्वनि पास की पहाड़ी से प्रतिध्वनित होने लगी। मान सरोवर के दूर छोर पर क्षितिज की लालिमा पानी में अपनी आभा प्रकट करने लगी थी। छात्र समुदाय ने आचार्यवर को प्रणाम कर विदा ली। आचार्य भी अपने स्थान पर खड़े हुए, खड़ाऊ को पैरो में उलझाया और मंदगति से चबूतरे की सीढ़ियाँ उतरने लगे। चूण्डा ने मृगचर्म समेटा और आचार्य के पीछे–पीछे चल पड़ज्ञं

2

जहाँ आज उदयपुर नगर बसा है, वहाँ घने वृक्ष हुआ करते थे। इन वनों के बीच जो गाँवनुमा बस्तियाँ थीं उनके नाम आज तक उसी क्रम में चले आ रहे हैं। आज के उदयपुर–नाथद्वारा राष्ट्रीय राजमार्ग संख्या आठ पर उदयपुर से छः सात किलोमीटर दूर एक पहाड़ी की ढ़ाल पर भुवाणा गाँव था, यह गाँव आज भी उसी नाम से जाना जाता है। इसी प्रकार उदयपुर स्थित विद्याभवन से लगा हुआ गाँव देवाली भी उस समय विद्यमान था। आज के राजप्रसादों के पूर्व की ओर पिछोली मोहल्ला है। यह एक गाँव था। यह गाँव राणा लाखा के समय तेजी से विकसित हुआ था। इसी प्रकार राजप्रासाद से पश्चिम की ओर झील से सुदूर छोर पर सीसारमा गाँव था। इन गाँवों में मुख्यतः भील जाति के लोग रहा करते थे। जहाँ राजप्रासाद स्थित है वहाँ एक तपस्वी की धूणी थी। धूणी रात–दिन जलती रहती थी। सीसारमा से आने वाली नदी आज के गुलाबबाग से होकर सूरजपोल की ओर बहती थी। इसी नदी के तट पर पिछोली गाँव पनप रहा था। धूणी पर उन दिनों एक तपस्वी रहा करता था। भीलों, मीणों एवं अन्य जातियों के लोगों की इस धूणी एवं तपस्वी में पूर्ण आस्था थी।

उन दिनों न सड़के थी न आवागमन के पर्याप्त साधन। सामान को इधर–उधर लाने ले जाने का कार्य प्रायः बणजारे लोग किया करते थे। बणजारे अपने दल बनाकर धनुष, बाण, भालों, तलवारों, छुरियों और मेख लगी लाठियों से लेस होकर अपने परिवार के कई सदस्यों के साथ जनोपयोगी सामान को इधर–उधर लाया ले जाया करते थे। इन बणजारों में कई दल, घोड़ों का व्यवसाय भी करते थे। इस जाति के लोगों का सम्बन्ध एक ओर बड़े–बड़े राजा महाराजाओं और सेठ साहुकारों से होता था तो दूसरी ओर विभिन्न वन मार्गों के बीच पड़ने वाले गाँवों के मुखिया लोगों से भी इनका संपर्क हुआ करता था। प्रायः इनके पास गधे, घोड़े और ऊँट हुआ करते थे। अनाज, नमक एवं तिलहन जैसी आवश्यक वस्तुओं को एक राज्य से दूसरे राज्य में ले जाना इनका प्रमुख धन्धा हुआ करता था। वैसे यदा कदा स्वर्ण एवं रत्नों का लेन–देन भी किया करते थे। ये लोग परिश्रमी, बहादुर, निर्भीक एवं वचन के पक्के हुआ करते थे। शिक्षा का अभाव होते हुए भी अपनी ईमानदारी के लिए यह जाति विख्यात थी। जाति के समूहों में पंचायत

व्यवस्था प्रबल एवं प्रभावी हुआ करती थी। पंचों के निर्णय अन्तिम एवं बाध्यकारी होते थे। प्रायः विवाह, मृत्यु एवं अन्य सामाजिक अवसरों पर इनका पूरा समाज एकत्रित होता था। अन्य वनचर जातियों की अपेक्षा इनका आर्थिक स्तर ऊँचा था। मुखिया की आज्ञा सर्वोपरि होती थी। ये लोग उस समय के मार्गों में पड़ने वाले कुओं, बावड़ियों तथा बड़े–बड़े पेड़ों की जड़ों में दबा कर अपनी चल सम्पत्ति को सुरक्षित रखते थे। मार्गों में इनके पड़ावों के स्थान भी सदियों से निर्धारित थे। इसी प्रकार का इनका पड़ाव का स्थान वर्तमान के उदयपुर के शास्त्री सर्कल के पास स्थित हनुमानजी का मंदिर हुआ करता था। यहाँ बड़, पीपल एवं आंवला के असंख्य पेड़ हुआ करते थे। यही स्थान बणजारों के रात्रि विश्राम और यदाकदा विवाह का स्थल बन जाता था। श्मशानघाट का निर्माण बाद में हुआ तथापि सारणेश्वर महादेव का मंदिर उस युग में विद्यमान था। सारणेश्वर महादेव का मंदिर और वहाँ का कुण्ड उदयपुर के अतिप्राचीन स्थानों में से एक है। आहड़ नदी के तट पर स्थित यह मंदिर अघोरियों, तांत्रिकों एवं वाममार्ग के शैव उपासकों का बहुत बड़ा केन्द्र था। इन तांत्रिकों के डर के कारण शायद ही कोई भूला भटका वहाँ जा पाता था।

उस वर्ष अकाल पड़ा। पानी के अभाव में पेड़ ठूँठ में परिवर्तित हो गये थे। वन के पशु पक्षी इस क्षेत्र को छोड़कर अन्यत्र पलायन कर गये थे। चारों और पानी का अभाव ही दृष्टिगोचर होता था। मात्र एक ही कुँआ उन दिनों नहीं सूखा था। वह कुँआ नीलकंठ महादेव का कुँआ कहा जाता था। पिछोला झील की पाल बनी हुई है, उसके ठीक नीचे यह मंदिर आज भी विद्यमान है। यहीं सीसारमा से आने वाली नदी बहती थी। मंदिर परिसर का यह कुंआ ही पेयजल की पूर्ति का उन दिनों एक मात्र अवलम्बन था।

शंकर बणजारों का प्रमुख था। प्रमुख के लड़के का विवाह शास्त्री सर्कल वाले हनुमान जी के मंदिर पर निर्धारित था। होली का त्यौहार अभी–अभी बीता था। बणजारों के कई समूह अपने मुखिया के लड़के के विवाह के उपलक्ष्य में जमा हो गए थे। हनुमानजी के मंदिर के एक और अस्थाई रामनगर (अर्थात् वर पक्ष वालों के डेरे) था तो दूसरी ओर जानकी नगर बस गया था, जहाँ गुजरात प्रान्त से आए बणजारों के डेरे थे। हजारों की संख्या में गधे और घोड़ों का जमघट भी यहाँ लग गया था। पशुओं को पानी पिलाने हेतु नीलकंठ महादेव के कुँए पर बनी खाल या प्याउ ही एक मात्र साधन थी।

पिछोली गाँव का यह कुँआ प्रमुख पनघट भी था। पनघट पर अपने पशुओं को पानी पिलाने आई एक डांगी महिला का एक बणजारे से इस बात पर झगड़ा हो गया कि बणजारा अपने गधों को पहले पानी पिलाना चाहता था जबकि यह महिला अपने बैलों और भैंसों को पहले पानी पिलाना चाहती थी। बात इतनी बढ़ी कि दोनों ओर के लाठीबाज लोग एकत्रित हो गए। खून खराबा भी हो जाता, यदि धूणी का तपस्वी वहाँ से नहीं गुजरता। तपस्वी ने दोनों पक्षों को समझाकर शांत कर दिया किन्तु बणजारों के मन में गांठ तो पड़ ही गई।

तपती दुपहरी के बाद संध्या आई। शंकर बणजारे ने सारी घटना सुन ली थी। वह अपने साथ जाति के कुछ बुजुर्गों को लेकर तपस्वी की धूणी पर पहुंचा। प्रणाम एवं आपसी कुशलक्षेम के पश्चात् शंकर ने तपस्वी से निवेदन किया "महाराज! यों पानी के नाम पर झगड़े बढ़ें, तो हमारा क्या होगा? आपके विश्वास पर हमने यहाँ विवाह का आयोजन किया है। हमारे साथ हजारों पशु और दोनों ओर से सैकड़ों लोग है। आपके आशीर्वाद से कई प्रान्तों के सगे सम्बन्धी भी इस अवसर पर यहाँ उपस्थित है। उनके सामने पानी जैसे प्रश्न को लेकर कहासुनी हो तो हमारी नाक कहाँ रहेगी?

"शंकर! थोड़ा धैर्य से काम लो। गाँव के ये लोग भी कहाँ जाएंगे। इनके भी पशु है। इस अकाल में सबसे बड़ी मार तो इन बेचारे पशुओं पर ही पड़ती है। तुम मनुष्य तो बोलकर अपना दुःखदर्द बांट लेते हो, ये पशु बिना बोले सब कुछ सहन करते हैं।" तपस्वी की धीर गंभीर वाणी गूंजी।

"आपका कथन सत्य है, महाराज। परन्तु हमारा दोष क्या है? हमारा पड़ाव लगभग एक महिने का है। यदि वर्षा हो गई तो हो सकता है कुछ कबीले चार पांच महिनों तक भी यहाँ रह जॉय। हमने इस गॉव का क्या बिगाड़ा है?" शंकर ; तपस्वी से कोई निर्णय चाहता था।

"बात वर्तमान की इतनी नहीं है। आज अकाल है तो कल भी हो सकता है। आज तो इस कुंए में पानी भी है और यदि यह भी सूख जाए तो क्या होगा? इन अकालों का कोई स्थाई समाधान सोचो, शंकर।" तपस्वी ने शंकर की मुखमुद्रा को ध्यानपूर्वक देखा।

"आप आज्ञा दें, देव। यदि कुछ खर्च भी करना पड़े तो मैं पीछे नहीं रहूँगा। आपकी ही कृपा से मुझे पुत्र प्राप्ति हुई है। आपकी सलाह पर मैंने उसका विवाह यहाँ करने का निश्चय किया है। आप जो भी कहेंगे मुझे स्वीकार होगा।"

"तो एक काम करो। तुम्हारा नाम भी होगा और अकाल का स्थाई समाधान भी।"

"आज्ञा करे, बावजी।"

"यहाँ से वह सामने पहाड़ी देख रहे हो।"

"हाँ, महाराज! मछली के आकार का बड़ा पर्वत है।"

"इस समय जहाँ तुम बैठे हो वह भी एक पहाड़ी है। इन दो पहाड़ियों के बीच तंग घाटी में सीसारमा से आने वाली नदी बहती है। क्या तुम इसके बीच पाल बनाकर इस नदी को नहीं रोक सकते हो।"

"आपका आदेश है कि यहाँ तालाब बने।"

"हाँ, शंकर।"

"यह तो राजा–महाराजाओं का काम है, महाराज। मैं छोटा सा शंकर, क्या यह कर पाऊंगा?"

"देखो शंकर! कुछ दिनों बाद बरसात का मौसम आएगा। वैसे भी वर्षा के दिनों में तुम्हें कहीं न कहीं पड़े ही रहना है। इन दिनों तुम्हारी बिरादरी के हजारों लोग यहाँ हैं, ओर भी आएंगे। साथ ही हजारों पशु भी तुम्हारे साथ है। सभी लोगों से कहो कि वे वर्षा काल यहीं बिताएं। नदी के बीच के भाग को छोड़कर दोनों ओर से पाल बनाने का कार्य आरम्भ करो। अगले वर्ष गर्मी में इस बीच वाले भाग को भी पूरा किया जा सकता है।

"किन्तु महाराज। यह तो बहुत बड़ा काम है।" शंकर के चेहरे पर चिंता की रेखाएँ उभर आई।

"जब यह तालाब बन जाएगा, तब कई पशु पक्षी और मनुष्य इसका जल पीएंगे। तुम्हारा नाम आने वाले लोगों को याद रहे या नहीं रहे, पर इतना अवश्य याद रहेगा कि किसी बणजारे ने यह तालाब बनाया था। संसार में आदमी स्वयं, धन सम्पत्ति, सगे सम्बन्धी कोई स्थाई नहीं है। केवल नाम ही शेष रह जाता है और यदि यह नाम भी नहीं रहे ओर जाति ही याद रहे तो बहुत बड़ी बात होगी।"

"मुझे अपने आप पर भरोसा नहीं हो रहा है, फिर भी आपकी आज्ञा है तो आरम्भ करता हूँ, किन्तु इस तालाब का श्रेय में अकेला नहीं लेना चाहूँगा। मेरी जाति के सभी लोग इसमें जुटेंगे। इसलिए इसे बणजारों का तालाब ही कहा जाय तो ठीक रहेगा।"

"ईश्वर तेरा भला करे, शंकर। ऐसा पुण्य का कार्य तो सदियों में कोई करता है। तेरी जाति में तेरे जैसा रत्न ही यह काम कर सकता है। तेरा वंश धन्य है शंकर।"

"महाराज। आपके आदेश की पालना होगी, पर मेरा एक स्वार्थ ओर है।"

"क्या?"

"यहाँ मेरे सगे सम्बन्धी सभी आए है। तालाब का निर्माण का आरम्भ मेरे बच्चे के विवाह के दिन ही हो और इसकी नींव का पत्थर इस जमीन के मालिक महाराणा लाखा या उनका युवराज शुभ मुहूर्त में स्थापित करें। इससे मेरा सम्मान बढ़ेगा। मेवाड़ के स्वामी मेरे घर मेहमान बनेंगे। मेरा कुल धन्य होगा। सभी सम्बन्धियों में मेरा नाम बढ़ेगा।"

"तुम्हारा सुझाव ठीक है। इसकी व्यवस्था में स्वयं करूंगा। अब तुम जाओ और आगे की तैयारी करो।" तपस्वी के चरणों में माथा टेककर शंकर अपने कुलवृद्धों के साथ अपने डेरे की ओर प्रस्थान कर गया।

बात खत्म नहीं हुई। यहाँ तालाब बनेगा, इसकी खबर रातों रात पवन के वेग से चारों ओर फेल गई। न केवल पिछोली, सीसारमा, देवाली अपितु भुवाणा में भी अगले दिन सुबह–सुबह प्रत्येक की जिव्हा पर तालाब बनने की चर्चा मुखरित हो गई। सभी लोगों को एक ही सूचना मिल रही थी कि पानी की लड़ाई में एक बणजारे ने तालाब बनाने का निर्णय ले लिया है। तपस्वी ने अपने शिष्यों को भेजकर आसपास के गांवों के पंचों को धूणी पर बुलवाया। सभी से राय ली गई। उस चर्चा में सभी गांवों का एक सम्मिलित प्रतिनिधि मण्डल गठित हुआ। बणजारो की ओर से भी तीन लोग इसमें सम्मिलित किये गये। आठ गांवों के मुखिया और तीन बणजारों का यह दल अगले दिन अपने–अपने घोड़ों पर सवार होकर चित्तौड़गढ़ की ओर प्रस्थान कर गया।

तीसरे दिन इस दल के लोगों ने महाराणा लाखा से भेंट की। लाखा उन दिनों बिहार प्रान्त से आए पण्डों की समस्याओं को हल करने की योजना बना रहे थे। अतः उन्होंने असमर्थता प्रकट कर दी किन्तु राणा जी ने अपने युवराज को बणजारों के कार्यक्रम में सम्मिलित होने की आज्ञा दे दी। उस राज्याज्ञा को लेकर राज पुरोहित

मानसरोवर स्थित कैलाश आश्रम पहुंचे। पंडित आनन्द व्यास, युवराज और कुछ विद्यार्थियों को पीछोली गाँव पहुंचने की प्रार्थना राणा लाखा ने की थी। आचार्य आनन्द व्यास ने युवराज को इस कार्यक्रम में जाने की अनुमति दे दी, किन्तु युवराज अड़ गए।

''आचार्यवर! यदि आप नहीं पधारेंगे तो मेरा जाना संभव नहीं होगा। इस यात्रा की अवधि में आपका सन्निध्य ही मेरा अवलम्बन होगा।'' चूण्डा को अपने आचार्य की सहमति प्राप्त करने में बड़ी कठिनाई आई। अंततोगत्वा आचार्य आनन्द व्यास, युवराज चूण्डा, पुरोहित पुत्र हरिशंकर पुरोहित एवं आठ–दस अन्य विद्यार्थीगण दूसरे दिन प्रस्थान कर गए। प्रतिनिधि मण्डल को, इस दल के सात दिन बाद वैसाख शुक्ला एकादशी के दिन पीछोली पहुंचने की स्वीकृति दे दी गई। आचार्य आनन्द ने तपस्वीजी को व्यक्तिगतपत्र लिखकर जनहित के इस आयोजन की बधाई भी दे दी।

आचार्य आनन्द के दल का प्रथम पड़ाव एकलिंगजी के मंदिर में हुआ। मंदिर के प्रबन्धक ने इस दल की अगुवाई कर सारी व्यवस्था जुटाई। दो दिन वहाँ रूककर यह दल नागहृद पहुंचा। किसी युग में यहाँ एक बड़ा नगर था। यहीं मेवाड़ की राजधानी भी थी। भग्न प्रासादों एवं टूटी छतों के असंख्य घरों को देख युवराज चूण्डा भावनाओं में खो गए।

''कहाँ खो गए, पुत्र।'' आनन्द व्यास ने पूछा।

''गुरुवर। क्या हम क्षत्रियों का यही एक मात्र कार्य रह गया है कि अन्य राज्यों में जाकर नर संहार करें? वहाँ की परिश्रम साध्य अट्टालिकाओं को ध्वस्त करें? क्या अपने प्रताप को आरोपित करने का यही एक मात्र उपाय है?''

''वत्स। जो कुछ हुआ है, तुम्हारे समक्ष है। वर्षों पूर्व इल्तुतमिश के घोड़ो के खुरों की धूल यहाँ के राजप्रासादों और एकलिंगजी के मंदिर में उड़ी थी। यही क्रम नाडोल के कीतू चौहान ने भी जारी रखा। जवानी के जोश में नागहृद के गुहिलवंश को कीतू से पराभूत होना पड़ा। इसके बाद तुम्हारे पूर्वज जैतसिंह और समरसिंह ने नाडोल को धूल धूसरित किया। यह क्रम तो चलता आया है, पुत्र।''

हम विदेशी आक्रान्ताओं को अपनी धरती पर पैर नहीं रखने दें, उनकी जड़ों को इस पुण्यभूमि में नहीं उतरने दें, यह तर्क तो समझ में आता है किन्तु हम क्षत्रिय होकर एक

दूसरे को ही नीचा दिखावें, एक दूसरे के प्राणों के ग्राहक बने, क्या यह उचित कर्म है?'' चूण्डा ने प्रतिप्रश्न किया।

''ऐसे कर्मों को कौन उचित कहेगा, किन्तु वास्तविकता यह है कि अब तक यही हुआ है। युद्ध सर्वनाश का पर्यायवाची शब्द है, और इसका सीधा और कड़ा प्रभाव उन असंख्य किसानों, वृद्धों, बच्चों और स्त्रियों को भोगना पड़ता है, जिनका युद्धों से कुछ भी लेना देना नहीं होता है।''

''गुरुवर! इन पाषाणों, प्रस्तर मूर्तियों और मंदिरों ने विजेताओं का क्या बिगाड़ा था? मानव श्रम को इस प्रकार व्यर्थ में क्यों नकारा जाता है?''

''इसलिए कि ये पाषाणों के टूटे टुकड़े तुम जैसे अनेक वीर भावुकों को यह स्मरण दिला सके कि तुम पराभूत हो, तुम हारे हुए हो, तुम विजेता नहीं हो। यह हीन भावना आने वाली संतति में स्थायी भाव जमा सके, यह उद्देश्य है इन भूमिसात प्रासादों का।'' आचार्य आनन्द का स्वर कुछ तेज हो उठा।

''ताकि विरोध की, अपमान की ओर बदला लेने की अग्नि प्रज्वलित रहे।'' चूण्डा भी उसी भावना में बह गया।

''पुत्र। इन स्थितियों का स्थाई हल क्या है? क्या कभी विचार किया है?'' आचार्य आनन्द का अश्व युवराज के अश्व के कुछ निकट आ चुका था। अश्वों के खुरों की टप टप की ध्वनि आसपास के पेड़ों पर विश्राम कर रहे पक्षियों के लिए व्यवधान बन रही थी।

''यह तो अनन्त प्रक्रिया है, गुरुवर। वैर, बदला, हत्या, युद्ध एवं धोखा–धड़ी जैसे शब्द ही हम क्षत्रियों के शब्दकोश में बचे हैं।'' चूण्डा किंचित हताश सा दिखाई दिया।

''इसका हल है; पुत्र। किन्तु इस युग में ऐसे उपायों की कौन सुनेगा? क्षत्रियों के अहं, उनके व्यक्तिवाद और निरंकुशता के भावों के परिणामों को ही तो किसानों के वेश में इस धरती पर विचरण करते नरकंकालों को भुगतना पड़ता है। यह अधिकार किसने दिया है कि क्षत्रियवंश में उत्पन्न हुआ व्यक्ति हाथ में तलवार लेकर उन निरपराध भोले भाले अस्तिकों के भाग्य का फैसला करे?'' आचार्य का स्वर अधिक मुखर हुआ।

''गुरुवर। आपका आक्रोश समझ में नहीं आ रहा है?'' चूण्डा ने प्रतिप्रश्न किया।

"समझ में आएगा ही नहीं। जब तक एक मानव अन्य मानवों से स्वयं को श्रेष्ठ मानेगा, जब तक व्यक्ति नैसर्गिक श्रेष्ठताओं का उपयोग सत्ता, सुन्दरियों और स्वर्ण के लिए करेगा तब तक यह महाविनाश होता रहेगा। भौतिक उपलब्धियों की होड़ में मानव स्वयं टूटेगा और अन्य को भी तोड़ेगा।" आचार्य की मुखमुद्रा का तेवर आज विशिष्ट दिखाई देने लगा।

"गुरुवर। हम स्वयं यदि स्वार्थ त्याग दें, तो क्या इससे युद्ध समाप्त हो जाएंगे।"

"नहीं। ऐसा मैंने कब कहा? सारा समाज स्वयं को इस धरती का पुत्र समझे, धरती के लाभांश के वितरण में छीना–झपटी नहीं हो और ईश्वर की सन्तान होने का भाव यदि बन जाए तो यह धरती स्वर्ग बन सकती है।"

"किन्तु उन विदेशियों का क्या भरोसा? उनमें तो वे संस्कार नहीं है, जिनकी अपेक्षा हम अपने समाज से करते हैं।" चूण्डा पूछ बैठा।

"इसका एक मात्र उत्तर है कि तुम क्षत्रिय, सर्वप्रथम आपसी झगड़ों को तलवारों की अपेक्षा जाजम पर बैठकर निपटाना सीखो। यही प्रक्रिया पूरे समाज में फैलाओ। जब तुम एक हो जाओगे तो बाहरी किसी भी शक्ति को साहस ही नहीं होगा कि तुम्हारी ओर आंख उठाकर देख सके। इतिहास साक्षी है कि प्रत्येक आक्रान्ता ने तुम्हारे घर के छिद्रो में ही सेंध लगाई है। हर बार तुम्हारा भाई ही विदेशियों की शतरंज का मोहरा बना है। क्या तुम अपने घर की दरारों को पाट सकते हो?" आचार्य आनन्द का वाक् प्रवाह चरम पर था।

"गुरुवर। यह तो समय ही बताएगा कि आपकी अपेक्षा को किस सीमा तक आपके शिष्य पूरा करते है। मूल्यांकन का अधिकार सदा आचार्यों के अधिकार क्षेत्र का विषय रहा है।" चूण्डा का घोड़ा कुछ आगे बढ़ गया था। बातचीत के शब्द घोड़ों की टप्–टप् में हवा हो गए।

संध्या होते होते युवराज का दल पीछोली गांव के समीप ही पहाड़ी पर पहुंच गया। धूणी से कुछ दूर एक समतल भाग पर इस दल के विश्राम हेतु अस्थाई पर्णकुटियाँ निर्मित कर दी गई थी। कपास के पौधों के डंठलों, सूखी घास, बांस की बल्लियों के आधार पर इन पर्णकुटियों का निर्माण किया गया था। शंकर बणजारा अपने प्रमुख कुलवृद्धों के साथ स्वागत हेतु उपस्थित था। आसपास के गाँवों के मुखिया भी प्रातःकाल

से ही महाराज कुंवर के स्वागतार्थ वहाँ उपस्थित थे। किशोरियों ने पानी के कलश सिर पर रखकर स्वागत किया। पंडितों के एक वर्ग ने वेद मंत्रों द्वारा आचार्य आनन्द व्यास, युवराज एवं उसके साथियों को शुभाशीष दिया। आगत दल ने धूणी पर जाकर उस महान् तपस्वी से भेंट की, जिसकी प्रेरणा से तालाब का निर्माण का संकल्प आरम्भ किया जाना था।

आपसी कुशलक्षेम पूछे जाने के पश्चात् दल के सदस्य निर्धारित पर्णकुटियों में विश्राम हेतु चले गए।

अगले दिन युवराज बणजारों के डेरे पर गए। हनुमानजी के मंदिर के पास एक विशाल चबूतरा बनाया गया था। सभी सम्मानित अतिथि चबूतरे पर बिछी जाजम पर बैठे। शंकर ने हीरों, रत्नों एवं स्वर्ण मुद्राओं से भरे थाल को युवराज के चरणों में अर्पित किया। युवराज ने थाल को छू दिया और शंकर को मुख्य आसन के समीप बैठने का आग्रह किया किन्तु शंकर बोल उठा – ''अन्नदाना! मेरा स्थान यह नहीं है जहाँ आप मुझे बिठाना चाहते हैं। मेरा स्थान तो इस चबूतरे के नीचे रखी आपकी जूतियों के पास है।''

''शंकर! क्या तुम मुझे अपना नहीं मानते हो। यदि मुझे मानते हो तो आओ, और पास बैठो।''

''अन्नदाता! आप स्वामी है। हम आपकी प्रजा है। आपकी बराबरी करना हमारा धर्म नहीं हैं।''

''शंकर ! तुम हमसे भी बड़े हो। तुम जैसे लोगों के कारण ही हम राजा, राणा या महाराणा कहे जाते है। हमारे सिंहासन के आप लोग ही स्तंभ हो। तालाब निर्माण का जो संकल्प आपने लिया है, यह ऐसा विचार है जिसे हम जैसे सुविधा सम्पन्न लोग भी कठिनाई से पूरा कर पाते है।'' युवराज ने उठकर शंकर को गले लगा दिया और उसे खींच कर अपने पास बिठा दिया।

जन सामान्य धन्य कह उठा। शंकर का परिवार अपने मुखिया के सम्मान से अभिभूत हो उठा। गुजरात से आए कन्या पक्ष के बणजारों के लिए ऐसा दृश्य जीवन में पहली बार आया था जहाँ स्वामी और प्रजा का एक अदना सा व्यक्ति आपस में गले मिले। सदा से हेय, उपेक्षित एवं वनचर का जीवनयापन करने वाला शंकर अपनी पगड़ी, परिधान, कंठाभरण के परिवेश में युवराज के समीप बैठा। युवराज के इस प्रत्याशित

व्यवहार पर वह आश्चर्य कर रहा था। आचार्य उँचे आसन पर बिछे मृगचर्म पर आसीन थे। आचार्य एवं युवराज की पादवंदना की गई। युवराज के दस अंगरक्षक नग्न खड्गों को धारण किए सिंहासन के पीछे सन्नद्ध अपने कर्तव्य का वहन कर रहे थे। युवराज के सम्मान में बणजारा युवतियों ने गीत एवं नृत्य प्रस्तुत किए। शंकर के साथ विवाहित पुत्र एवं पुत्र वधु ने आकर आचार्य एवं युवराज के चरणों में अपना मस्तक नवाया। आचार्य द्वारा शंकर के पुत्र को रूद्राक्ष की माला और उसकी वधू को स्फटिक की माला भेंट दी गई। युवराज की ओर से वर को जरी की पगड़ी, स्वर्ण की कंठी, हाथ में पहनने का स्वर्ण का कड़ा, रेशमी अंगरक्षिका और धोती भेंट में दी गई। वधू के लिए दक्षिण भारत की बनी रेशमी साड़ी, मोतियों के हार, कान के कर्णफूल, सुहाग की सामग्रियां एवं ढेरों रेशमी वस्त्र भेंट में दिए गए। आपसी भेंट, अभ्यर्थना एवं गीत–नृत्य का मिला जुला कार्यक्रम कोई दो घड़ी तक चलता रहा। उसी दिन दोपहर के अभिजित मुहूर्त में माछला मगरा व धूणी की मगरी के बीच बनने वाले तालाब की पाल की नींव रखी गई। पीछोली गांव वालों की प्रार्थना और शंकर बणजारे की सहमति पर तालाब का नाम ''पीछोला'' रखा गया।

3

कन्नौज के राठौड़ जयचन्द एवं दिल्ली के सम्राट पृथ्वीराज चौहान के नामों और कारनामों से पूरा भारतवर्ष परिचित है। मुहम्मद गौरी और उसके बाद के विदेशी लुटेरों के हमलों से राठौड़ राजवंशियों को कन्नौज छोड़कर इधर उधर नया राज्य खड़ा करने की दिशा में भटकना पड़ा। इनका एक दल अरावली पर्वत की पश्चिमी उपत्यकाओं में बसे पाली क्षेत्र के ब्राह्मणों की प्रार्थना पर वहां रह गया। धीरे–धीरे इस दल ने अपनी शक्ति का विस्तार किया। सर्वप्रथम राठौड़ों ने विस्तृत भूमि का स्वामित्व ग्रहण किया, तत्पश्चात् पडिहारों की राजधानी माण्डव्यनगर (मण्डावर) पर अपना अधिकार जमा लिया। जिस राठौड़ कुलोत्पन्न प्रमुख ने मण्डावर पर अपना अधिकार जमाया, उसका नाम था राव चूण्डा। राव चूण्डा भी उन दिनों की प्रथा के अनुरूप कई रानियों का पति था। राव चूण्डा का मोहिल गोत्रोत्पन्न रानी से विशेष लगाव था। मोहिली रानी से कान्हा राठौड़ का जन्म हुआ। राव चूण्डा ने अपनी ऐंठ में ज्येष्ठपुत्र रणमल को महाराज कुंवर का पद न देकर कान्हा को युवराज घोषित कर दिया। यह अभियान मात्र घोषणा तक ही सीमित नहीं रहा अपितु अपने जीते जी राव चूण्डा ने प्रशासन सम्बन्धी कई दायित्व भी कान्हा पर डाल दिए।

इसका सीधा सा अर्थ था कि रणमल या तो अपने छोटे भाई की गुलामी कर अपना पेट पालता या विद्रोह कर वर्षो की तपस्या से प्राप्त नए राज्य के सिंहासन की कीलें ढीली करता। उसने ये दोनों कार्य नहीं किए। अपने मरूप्रदेश को सदा के लिए छोड़ देने के संकल्प के रूप में उसने तीसरे विकल्प का वरण किया।

मण्डोर (मण्डावर) इन दिनों जोधपुर से लगभग दस बारह किलोमीटर दूर सघन वृक्षों से आच्छादित एक मरूद्यान जैसा लगता है। मण्डोर के इन पेड़ों के समूह में से किले का मार्ग है। किला पहाड़ी पर बना हुआ था। यहीं माडव्य ऋषि ने तपस्या की थी। ऋषि के नाम पर ही इस नगर का नामकरण माण्डव्य नगर था। किन्तु कालान्तर में मण्डावर व इन दिनों मण्डोर के नाम से यह स्थान जाना जाता है। यहाँ जोधपुर महाराजाओं की समाधियाँ एवं सुन्दर मंदिर बने हुए हैं। सैलानियों के लिए जोधपुर का यह एकमात्र सुन्दर उद्यान है।

मण्डावर का राव चूण्डा अपने मद में अपने बेटों से पक्षपात कर रहा था। परिणाम यह हुआ कि रणमल पाँच सौ परिजनों के साथ मण्डोर छोड़ गया। किले से निकलते समय रणमल अपनी माता से मिलने गया। माँ खूब रोई, पुत्र भी रोया। इस अवसर पर रणमल की बहिन ने तो रो – रो कर पूरे प्रासाद में मृत्युशोक जैसा दृश्य उपस्थित कर दिया। बहुत कुछ समझाने पर भी बहिन हंसाबाई अपने भाई के बिछोह को नहीं सह सकी। हंसाबाई की उम्र उस समय कोई पन्द्रह – सोहल वर्ष की रही होगी। अन्ततोगत्वा रणमल को अपनी बहिन को भी साथ ले जाने की अनुमति माता ने दे दी। राजवंश की क्षत्राणियों को अपने पतियों से मिली उपेक्षाओं की गाथाओं के क्रम का प्रारंभ, दशरथ की कौशल्या से लेकर आजतक वैसा ही चला आता है। उपेक्षा, व्यंग्य, वैमनस्य एवं झूठे अहं की भट्टियों में इन क्षत्राणियों को यह देव दुर्लभ जन्म व्यर्थ खोना पड़ता है। हम उन दिनों की चर्चा कर रहे हैं जब जीवन भर पति की भर्त्सनाओं को सहन करके भी इन रानियों को अपने पति की मृत्यु पर सतीत्व प्रदर्शन करने हेतु जीवित जलना होता था। इसलिए रणमल की मां ने कहा – ''बेटा ! तुम मेरे एक मात्र आशादीप हो। जब तुम्हें ही अपने पिता से न्याय नहीं मिला तो इस लड़की की यहाँ कौन सुनेगा? इसके लिए अच्छे घर और वर की खोज कौन करेगा? तुम्हारे पिता इसका ऐसी जगह भी संबंध तय कर सकते हैं, जो हमें अरूचिकर लगे, इसलिए इसे भी तुम अपने साथ ले जाओ। जहाँ ठीक समझो, इसका विवाह कर देना।''

किन्तु, माँ ! मैं अकेला ही इतनी बड़ी जिम्मेदारी संभाल सकूँगा? मुझे अपने आप पर विश्वास नहीं हो रहा है।''

''मेरे लिए तो तुम ही सबकुछ हो पुत्र। तुम इसे जहाँ भी दोगे मुझे अच्छा लगेगा। आज से यह तुम्हारी बहिन भी है और बेटी भी।'' माँ का भावातिरेक आंसुओं के रूप में बरस पड़ा।

''माँ ! आपका आशीर्वाद मेरे साथ है तो मुझे संसार में किसी की चिन्ता नहीं। मैं उपयुक्त पात्र देख इसका विवाह कर दूंगा। इतना ही नहीं, ईश्वर ने साथ दिया तो अपका भी उद्धार करने आऊंगा।'' माँ ने तिलक करके पुत्र और पुत्री को विदा किया। रणमल का भी अपना अंतःपुर था। उसकी स्त्री उसका पुत्र जोधा जो कि अभी अबोध बालक ही था और कई सेवक सेविकाओं को साथ लेकर पाँच सौ वीर योद्धाओं का दल मण्डोर से निकला।

चारों ओर मात्र रेत के कुछ भी दिखाई नहीं देता था। इस मरूस्थल में कहीं कहीं पानी का कोई स्त्रोत मिल जाता तो वहाँ इस दल का पड़ाव पड़ जाता। उन दिनों पश्चिमी भारत में चित्तौड़गढ़ ही एक मात्र शक्ति का केन्द्र था, जहाँ रणमल अपना भाग्य चमका सकता था। चित्तौड़गढ़ के सिसोदियों की सेवा कर अपनी नियति निर्धारित कर सकूँगा, ऐसा विचार मन में धारित कर रणमल ने मेवाड़ की ओर अपने ऊंटों और घोड़ों के काफिले की दिशा मोड़ दी। कई पड़ावों के बाद युवक रणमल अरावली पर्वतमाला की उपत्यकाओं में प्रविष्ट हुआ। हरे – भरे पेड़ों से ढंकी पहाड़ियाँ, घास के मैदानों और कल – कल करते नालों और इतस्ततः विकीर्ण मेरों ओर भीलों की बस्तियों को देखकर रणमल अपनी सुधबुध खो बेठा। रेत की आँधियों, निर्जल – निर्जन धरती पर बिछी रेत ओर परिश्रम साध्य जीवन की कठिनाइयों की तुलना वह यहाँ के जीवन से करने लगा। प्रकृति द्वारा दी गई सुविधाओं और लोगों के भोलेपन से उसके मन में यह विचार गहराता गया कि राठौड़ों के लिए यदि कोई उपयुक्त स्थान हो सकता है तो वह ऐसी ही धरती हो सकती है। पानी की बूंदों के लिए तरसते रणमल को मेवाड़ की ताजगी, जल की विपुलता और वन संपदा का विस्तार छू गया। न केवल हंसाबाई अपितु साथ चल रहे योद्धाओं, घोड़ों और ऊँटों तक को मेवाड़ की धरती अच्छी लगने लगी।

"भैया! क्या हम यहीं अपना स्थाई डेरा नहीं लगा सकते हैं?" हंसाबाई एक पड़ाव पर अपने भाई से पूछ बैठी।

"बहन! कुछ दिन भले ही हम यहाँ निवास कर लें, परन्तु जब तक इस धरा के स्वामी हमें स्थाई निवास की अनुमति नहीं देते, कुछ भी नहीं कहा जा सकता है।" रणमल ने अपना तर्क प्रस्तुत किया।

"मैं तो चाहती हूँ कि किसी तरह आप ऐसा प्रयत्न करें कि हम यहीं बस जॉय। जैसी भी मेहनत मजदूरी हमें करनी पड़े, हम कर लेंगे। यहाँ पानी और पेड़ों की सुविधा कितनी प्रचुर है?"

"चाहता तो मैं भी यही हूँ परन्तु नियति हमें कहाँ ले जाती है, इसका क्या भरोसा?" रणमल ने निःश्वास छोड़ा।

अगले दिन राठौड़ों का दल अपनी यात्रा हेतु आगे बढ़ा। मार्ग में उन्हें एक युवक और युवती दिखाई दी। स्वभाव से चंचल रणमल के सहायक एक युवक की आंख उस युवती पर ठहर गई। इतना उजला रंग और उत्तम शारीरिक गठन था उस युवती का,

कि रणमल का सहयोगी देखता ही रह गया। मरूस्थल की लम्बी चौड़ी नायिकाओं से भिन्न यह युवती उसके मन पर इतनी चढ़ गई कि वह साथ आ रहे युवक से पूछ बैठाः–

"भाई ! तुम कौन लोग हो और कहाँ जा रहे हो।"

"हम पति–पत्नी है। जाति से डोम है और जंगल में लकड़ियाँ इकट्ठी करने जा रहे हैं, किन्तु आप कौन है श्रीमान्?" मजबूत कद काठी के डोम ने आखिर पूछ ही लिया।

"हम मण्डोर के निवासी हैं भाई। चित्तौड़गढ़ जाना चाहते हैं। क्या तुम हमें चित्तौड़गढ़ का मार्ग बताने साथ चल सकते हो।" राव रणमल के सहायक ने अपना जाल फैलाया।

"साथ चलने की बात तो हम नहीं कह सकते हैं, श्रीमान् । इस विषय पर विचार करके ही कुछ कहा जा सकता है।" डोम ने कहा।

"अच्छा एक काम करो। हम अपना पड़ाव यहाँ से कोई तीन कोस की दूरी पर करेंगे। आज तुम जितनी भी लकड़ियाँ, ला सको, ले जाना, हम खरीद लेंगे।" रणमल के साथी की बातों में डोम दंपत्ति फंस गया। दिन भर सूखी लकड़ियों के गट्ठर तैयार कर संध्या समय तक डोम और डोमनी राठौड़ों के पड़ाव पर पहुंच गए। समस्त लकड़ियाँ खरीदी गई। राव रणमल के सहायक ने संध्या होते ही पीना शुरू कर दिया था। डोम को एक अधिकारी एक और ले जाकर लकड़ी का दाम चुकाने लगा और उधर डोमनी को एक एकान्त तंबू में ले जाया गया जहाँ उसकी प्रतीक्षा की जा रही थी। डोमनी का अपराध मात्र यह था कि वह सुन्दर थी। मेवाड़ की भूमि पर डोमनी को पाकर वह युवक तृप्त हुआ।

उधर डोम अपनी स्त्री को ढूँढते – ढूँढते थक गया किन्तु वह नहीं मिली। सैनिकों में से किसी ने भी यह नहीं बताया कि डोमनी किस और गई। निराश डोम रजतमुद्राओं को मुट्ठी में दाबे, अपनी डोमनी को खोकर विचलित हो गया। उस पड़ाव से दूर एक पेड़ के नीचे बने एक देवरे में उसने रात गुजारी। उसने रात में ही निश्चय कर लिया कि वह बिना स्त्री के अपने गांव में जाकर अपनी बिरादरी वालों को क्या कहेगा? उसके सम्बन्धी उसे पत्नी के बारे में पूछेंगे। ससुराल वाले भी उनकी लड़की के बारे में पूछताछ करेंगे। वह क्या उत्तर देगा? वह लोगों को कैसे विश्वास दिला पाएगा कि उसकी पत्नी

खो गई। अब वह कहां जाए? गांव लौट सकता था नहीं। बिरादरी वालों को अपना मुँह दिखा सकता था नहीं। अतः उसे यही उचित लगा कि वह इस दल को चित्तौड़गढ़ ले जाने का कार्य स्वीकार कर लें। इधर अर्द्ध रात्रि के समय जब मंडोर से चला राजवंशी सो गया, डोमनी तंबू से बाहर आई।

पहरेदारों ने उसे रोकना चाहा किन्तु उसने शौच जाने का बहाना बना लिया। तथापि एक युवक उसके पीछे लगा रहा। पड़ाव से कुछ दूर डोमनी के साथ उसने ने भी वहीं कुछ किया जो उसके साथ कुछ समय पूर्व हो चुका था। डोमनी शिथिल होकर एक ओर गिर पड़ी। उससे उठा भी नहीं जा रहा था। युवक वहां से उठकर कुछ दूर जाकर अपने वस्त्र ठीक करने लगा। डोमनी ने इसे अवसर समझा। उसके शक्तिहीन शरीर में पता नहीं कहां से स्फूर्ति का संचार हुआ। उसने स्वयं को व्यवस्थित किया और वहां से भाग छूटी। रात के अंधेरे का लाभ उठाकर डोमनी वन में विलिन हो गई। युवक ने उसे ढूँढने का बहुत प्रयास किया किन्तु उसे निराशा ही हाथ लगी। सुबह युवकों ने डोमनी के पलायन की सूचना सुनी। किन्तु अब कोई उपाय ही शेष नहीं रहा, जिससे डोमनी का पता लगाया जा सके। अलबत्ता यह खबर अवश्य आ गई कि डोमनी का पति राठौड़ों के दल को चित्तौड़गढ़ की ओर का मार्ग दिखाने का कार्य करने पड़ाव की सीमा के बाहर बैठा हुआ था। रणमल एवं उसके साथी युवकों को इस बात से राहत मिली कि डोम को उसकी स्त्री का कुछ भी अता – पता नहीं लगा। यदि डोमनी को डोम मिल जाता या ओर कोई मिल जाता तो बदनामी हो जाती। हो सकता था आस – पास के गांव वाले कोई झगड़ा ही कर बेठते ओर बात महाराणा लाखा तक पहुंच जाती तो सारी आशाएं ही समाप्त हो जाती। सब कुछ विचार कर रणमल ने उस डोम को सेवा कार्य पर नियुक्त किया। रणमल ने चित्तौड़गढ़ पहुंचते – पहुंचते डोम पर इतनी अधिक कृपा दिखाई कि वह रणमल का भक्त बन गया। रणमल ने मन में तय कर लिया कि कहीं वह डोमनी अपने गांव में जाकर कोई बखेड़ा करे तो डोम को उसके प्रतिकार के रूप में उपयोग किया जा सकेगा। डोम भी प्रसन्न हो गया। प्रतिदिन झूठी शराब और झूठा भोजन उसे आसानी से मिल जाता था। कहाँ प्रतिदिन लकड़ियाँ काटने का धन्धा और कहाँ मुफ्त की शराब। डोमनी कुछ दिनों तक तो याद आती रही किन्तु समय निकलते – निकलते डोमनी की अपेक्षा शराब अधिक महत्वपूर्ण हो गई।

आखिर वह दिन भी आया जब राठौड़ो के दल ने चित्तौड़गढ़ के समीप बढ़ने वाली गंभीरी नदी पर अल्लाउद्दीन खिलजी के पुत्र खिज़्रखां के बनाए हुए पुल को पार किया।

पुल पार करने के बाद वहीं एक समतल स्थान देखकर रणमल ने अपना डेरा जमाया और स्वयं अपने साथ बीजा राठौड़, चार अंगरक्षकों और डोम को लेकर गढ़ के मुख्य द्वार पर उपस्थित हुआ।

4

अल्लाउद्दीन द्वारा किए गए महाविनाश के पश्चात् महाराणा हमीर ने अपने बाहुबल से चित्तौड़गढ़ को पुनः हस्तगत किया। एकलिंगनाथ के इस साम्राज्य के दीवाण के रूप में इन्हीं महाराणा हमीर का पौत्र राणा लाखा (लखनसिंह या लक्ष्मणसिंह) आसीन था। राजप्रासाद में क्रमशः अधिकारी, जागीरदार, मंत्री परिषद के सदस्यगण एवं नगर के श्रेष्ठियों का आगमन आरम्भ हो चुका। प्रातःक्रियाओं से निवृत्त होने के पश्चात् प्रथम प्रहर के अन्त में चित्तौड़गढ़ के प्रमुख सभा भवन में आगन्तुकों ने अपना – अपना स्थान ग्रहण करना आरम्भ कर दिया। सभा भवन के पर्दे, कालीन और स्वर्णरचित मखमली आसनों को देखकर मण्डोर का निर्वासित युवराज चकित रह गया। कहाँ मरूस्थल का कष्टप्रद जीवन, वैभवहीन राजप्रासाद और उज्जड़ प्रकृति के लोग, और कहाँ मेवाड़ का सरस, आनन्द एवं वैभवपूर्ण जीवन। रणमल का मन बार – बार कह उठता था – "रणमल यदि कहीं राज्य ही बनाना हो मेवाड़ जैसा ही कुछ बनाना चाहिए।"

कुछ पलों के पश्चात् सिर पर भस्म का त्रिपुंड लगाए, गले में स्फटिक एवं रूद्राक्ष की स्वर्ण तन्तओं में पिरोई माला धारण किए रेशमी उतरीय एवं केसरिया रंग की रेशमी धोती लपेटे, पांवों में स्वर्ण कीलिका की चमक वाली खड़ाऊ को पैरों में उलझाए राज्यसभा के राजगुरु पद पर आसीन युवक तिल्ह भट्ट ने प्रवेश किया। सभी सभासदों ने इस युवक के स्वागतार्थ अपने – अपने स्थान से उठकर नमन किया। कुछ ही क्षणों में मेहता खानदान के कुलभूषण महामंत्री विभूतिपाल ने प्रवेश किया। इसी प्रकार राज्य के कोषाधिकारी, सेनानायक, राजस्वप्रमुख, पिता की मृत्यु के कारण उनके पद पर आसीन युवा रामप्रसाद माहेश्वरी, जिसे चित्तौड़गढ़ का नगर प्रशासन दिया हुआ था, एक – एक कर उपस्थित हुए। राज्य के वरिष्ठ कवि अत्रिव्यास भी इस सभा में उपस्थित थे। अन्य जागीरदारों की पंक्ति में रणमल को भी सभा व्यवस्थापक ने एक आसन की ओर संकेत कर बैठने का आग्रह किया। इसी बीच द्वारपाल ने सभासदों को महाराणा लाखा के आगमन की सूचना दी। स्वर्ण छड़ियों, मोरसल एवं चँवरधारिणी युवतियों से आवृत्त महाराणा लाखा ने सभाभवन में प्रवेश किया। महाराणा के साथ महाराज कुंवर चूण्डा ने भी पिता का अनुगमन किया। आगे – आगे चारण प्रशस्ति गान करता हुआ चल रहा

था। सभा भवन के ऊपरीभाग के झरोखों के जालीनुमा वातायनों के पीछे राज्य के संभ्रान्त वर्ग की महिलाओं के बैठने की व्यवस्था थी। सैकड़ों आंखों का केन्द्र बिन्दु महाराणा सिंहासन की ओर मंदगति से बढ़ रहा था। सभा के समस्त सभासदों ने नमन कर महाराणा का अभिवादन किया। राज्य सिंहासन के पीछे दीवार पर बने छोटे से स्वर्ण मंदिर में विराजित एकलिंगनाथ के तैलचित्र की और महाराणा ने हाथ जोड़कर अभिवादन किया। महाराणा के आसन ग्रहण करते ही सभी ने अपने – अपने आसन ग्रहण किए।

महाराणा के संकेत पर महामात्य विभूतिपाल ने आज की सभा की विषय सूची में से सर्वप्रथम सभा को सूचित किया :–

"भगवान एकलिंगनाथ के इस दरबार में राज्य की ओर से इस सभा में प्रथम बार उपस्थित हुए मण्डोर राज्य के युवराज रणमल का स्वागत करता हूँ। इस राठौड़ वीर को राज्य की ओर से चालीस गांव राज्य सेवा के निमित्त दिए जा रहे हैं। श्री रणमल को मेवाड़ का जागीरदार भी घोषित किया जाता है।"

महामात्य के संबोधन के पश्चात रणमल ने अपने स्थान पर खड़े होकर सभी को हाथ जोड़कर नमन किया।

"आज का दूसरा विषय बड़ा विचित्र है। मैं चाहूँगा कि इस विषय का प्रतिपादन राजगुरु तिल्हभट्ट प्रस्तुत करें। श्री भट्ट ने इस विषय पर पिछले छः महिनों से कई प्रतिनिधि मण्डलों एवं राजकुल के वृद्ध महानुभावों से चर्चा की है। श्री भट्ट इस सभा को उन विषयों की जानकारी देने कृपा करें।" महामात्य विभूतिपाल ने श्री भट्ट की ओर हाथ का संकेत कर अपना आसन लिया।

"महाराणा जी एवं मित्रों। पिछले कई दिनों से हमें बराबर सूचनाएं मिल रही थी कि हमारे श्रद्धास्थलों पर विदेशों से आए राजवंशियों ने कर लगा दिए हैं। यात्रियों से वसूला जाने वाला यह कर या दण्ड "जजियाकर" के नाम से जाना जाता है। तीन माह पूर्व हमारे पितरों के स्थान गया तीर्थ से पण्डों का एक दल आया था। इसी प्रकार वाराणसी, अयोध्या एवं मथुरा से आए कई नागरिकों, विद्वानों एवं सन्यासियों ने बताया कि वहां भी यात्रियों से कर लिया जा रहा है। उनकी प्रार्थना पर हमारे राज्य की ओर से इन तीर्थ स्थलों पर शासन करने वाले शासकों से संपर्क किया गया। उनके अनुसार यह कर उनके राज्यों की आय का प्रमुख स्त्रोत है। ये वे तीर्थ है जो मेवाड़ की धरती से बहुत दूर

है। हमारे राजवंशियों से जब इस विषय पर चर्चा हुई तो कुछ लोगों का सुझाव था कि इन तीर्थों के शासकों पर आक्रमण कर हमारा नियंत्रण स्थापित किया जाए किन्तु अधिसंख्य अधिकारी मेवाड़ से सुदूर सेना भेजा जाना उचित नहीं मानते हैं।

इस पर भी हमने लोदी, तुगलक एवं अन्य वंशों के लोगों के पास अपने दूत भेजे। इन दूतों के माध्यम से हुई वार्ताओं की यह उपलब्धि रही कि उन राज्यों के प्रतिनिधि आज राजकीय अतिथिशाला में उपस्थित है। यदि आप सभी सहमत हो तो राज्यकोष से प्रति वर्ष एक लाख दम्म देकर इन करों को बन्द कराया जा सकता है।'' तिल्हभट्ट कुछ क्षणों के लिए मौन हो गए।

''क्या यह वित्त भार राज्य पर किसी प्रकार का बोझ नहीं होगा? दूसरे राज्य के नागरिकों के करों को क्षमा कराने के प्रयास में हम अपने राजस्व की क्षति क्यों स्वीकार करें।'' इस बार युवक रामप्रसाद माहेश्वरी ने अपना संशय प्रकट किया।

''मैं चाहता हूँ कि इस प्रश्न पर पूज्य महाराणाजी अपने विचार प्रस्तुत करें। तिल्हभट्ट ने सभा चातुर्य प्रकट कर अपनी ओर आ रहे बाण को महाराणा जी की ओर मोड़ दिया।

''मित्रों ! निर्णय एवं संशय प्रकट करते समय यह नहीं भूलना चाहिए कि यह राज्य भगवान एकलिंगनाथ का है। ईश्वरीय शासन का लाभ मात्र इस राज्य के नागरिकों तक ही सीमित रह जाए, क्या इसे उचित माना जाएगा? वे सभी भाई – बहिन इस देश की संपदा के उपभोग के अधिकारी है जो शिव, राम या कृष्ण को अपना उपास्य मानते हैं। यदि उन भक्तों को हम करों की छूट दिला सके तो इससे हमारे लोगों को प्रसन्नता ही होगी। यदि इसके कारण हमारे कोष पर एक लाख दम्म का अतिरिक्त भार भी पड़ता है तो मुझे उसे वहन करने में गर्व का अनुभव होगा।'' महाराणा के कथन पर सारी सभा हर्ष ध्वनि कर उठी। सभी ने महाराणा के कथन का समर्थन किया।

''मुझे क्षमा करें देव।'' इस बार प्रमुख सेनापति ने सभी का ध्यान अपनी ओर खींचा। रणमल को यह गणित समझ ही नहीं आ रही थी कि मात्र अपने नाम के लिए महाराणा एक लाख दम्म प्रतिवर्ष खर्च करने को उद्यत है।

''कहिए, सेनापति जी। आप कुछ कहना चाहते हैं।'' महराणाजी ने पूछा।

''हाँ, देव ! युवक श्री रामप्रसाद द्वारा उठाए गए राजस्व हानि के प्रश्न का हल मेरे पास हैं।'' सेनापति ने एक हाथ अपनी मूँछ और दूसरा हाथ कमर में झूलती तलवार पर रखा।

''क्या हल है?'' तिल्हभट्ट ने साश्चर्य पूछा।

''यह एक लाख दम्म मैं मेवाड़ से लगे मुसलमान शासकों से वसूल कर दूँगा। मुझे यह सभा एवं महाराणाजी एक अभियान की अनुमति दे दें। एक नहीं ऐसे कई लाख दम्म का ढेर मैं एकलिंगनाथ के दीवाणजी के राज्य में लगा दूँगा। आप निःसंकोच होकर खर्च करे। भरपाई की जिम्मेदारी मेरी रही।'' अक्खड़ सेनापति ने अपनी बात कह, सभी के मन को छू लिया।

''हम श्री तिल्हभट्ट को यह अधिकार देते हैं कि वे बाहर से आए अन्य देशों के प्रतिनिधियों से राज्य की ओर से चर्चा करें ओर उचित समझौता करें। समझौते की जानकारी महामात्य को दे दें।'' महाराणाजी ने विषय का उपसंहार किया। रणमल हतप्रभ सा रह गया। राज्य का एक ब्राह्मण एक लाख तक की संधि करेगा, ऐसा विश्वास यहाँ के महाराणा को है। यह राज्य वस्तुतः वैभवशाली है, रणमल का मन मण्डोर और मेवाड़ की तुलना में तल्लीन हो गया।

''आज का तीसरा विषय युवराज चूण्डा उठायेंगे।'' महामात्य ने घोषणा की। युवा चूण्डा ने अपना उत्तरीय कंधे पर व्यवस्थित किया। गले की स्वर्ण, मोतियों एवं माणिक की मालाएं एक साथ हिल उठी।

''मैं चाहता हूँ कि यह राज्य सभा बणजारों के प्रमुख शंकर के प्रति आभार प्रकट करे जिसने पीछोली गांव में सीसारमा नदी को रोककर एक बहुत बड़ी झील का निर्माण किया है। यह झील न केवल पशु पक्षियों के लिए, अपितु किसानों के लिए भी बहुत महत्त्व की है।'' महाराज कुंवर चूण्डा ने दूर आसन पर बैठे शंकर को आगे आने का संकेत किया। महाराणा ने स्वयं सिंहासन से उठकर शंकर के सिर पर पगड़ी रखी। सोने की एक कंठी और रेशमी उत्तरीय भेंट दी गई। उसके परिवार के लिए भी वस्त्र प्रदान किए गए।

''मैं यह भी घोषणा करता हूँ कि जब तक शंकर और उसका बेटा जीवित रहेगा उसके परिवार द्वारा किए गए व्यापारिक लेन देन आदि पर किसी प्रकार का शुल्क नहीं लिया जायेगा।'' महाराणाजी ने शंकर पर कृपा दिखाई। शंकर गद्‌गद् हो गया। उसकी

आंखों से प्रसन्नता के आंसू टपकने लगे। उसे विश्वास ही नहीं था कि मेवाड़ का महाराणा इतनी आत्मीयता से उसे सम्मानित करेगा। सभासदों में शंकर की प्रशंसा होने लगी। इसी बीच महाराणाजी की ओर से भी एक थाल प्रस्तुत हुआ। इसमें शंकर के परिवार के लिए वस्त्र एवं आभूषण थे। शंकर इतना प्रसन्न हुआ कि सिवा हाथ जोड़ कर प्रणाम करने के उसके मुंह से एक शब्द भी नहीं फूटा।

''एक व्यवस्था सम्बन्धी बात मैं और कहना चाहूँगा कि इस राज्य में जो भी व्यक्ति आम जनता के लिए बावडियां, धर्मशालाएं, तालाब आदि बनवाएगा उसे राज्य की ओर से उचित सम्मान एवं आर्थिक सहायता भी दी जाएगी।'' राणा लाखा ने इस तीसरे विषय का भी पटाक्षेप किया।

एक निवेदन बलात्कार से पीड़ित एक महिला का है। वह बिना दरबार में आए प्रार्थना कर रही है कि महाराणाजी स्वयं उसकी पीड़ा को सुने। वह महिला, प्रासाद के बाहर राज्यादेश की प्रतीक्षा कर रही है।'' महामात्य ने सभा को सूचना दी।

''आप उसे चतुर्भुजनाथ के मंदिर की सेविकाओं के साथ रहने की व्यवस्था कर दें। उसे यह भी कहें कि वह अपनी व्यथा को महारानीजी को आज ही संध्या को सुना दें। इस पर भी वह चाहे कि अपनी पीड़ा मुझे ही सुनानी है, तो उसे कल दोपहर में उपस्थित करें। गुप्तचर विभाग से अपेक्षा है कि उसके साथ जिसने भी अपमान जनक व्यवहार किया हो, चाहे वह राज्य का कितना ही बड़ा व्यक्ति क्यों न हो, उसे तुरन्त गिरफ्तार किया जाए और उपयुक्त दण्ड दिया जाए।'' महाराणा का एक – एक शब्द रणमल के अंतःस्थल को कँपा दे रहा था।

''एक विशेष आग्रह चित्तौड़गढ़ के श्रेष्ठि समाज की ओर से है। आठ – दस दिनों के पश्चात जिनाचार्य एवं उनके शिष्यों का एक दल चित्तौडगढ़ में चातुर्मास करना चाहेगा। राज्य की ओर से अनुमति दी जा चुकी है। श्रेष्ठि समाज चाहता है कि राज्य के विशिष्ट व्यक्ति उनके स्वागत समारोह में भी सम्मिलित हों।'' महामात्य ने प्रस्ताव प्रस्तुत किया।

''किसी धर्म या संप्रदाय के आचार्य, मानवजाति के आचार्य है। व्यक्ति जब वस्तुतः ऊपर उठता है, तब जातिगत एवं देशगत संकीर्णताओं से वह अपने बंधन तोड़ लेता है। ऐसे महापुरुषों के सम्मान में सभी लोगों को भाग लेना चाहिए। मैं स्वयं दुर्ग के मुख्य द्वार

पर जिनाचार्य की अभ्यर्थना में उपस्थित रहूँगा।'' महाराणा जी की घोषणा पर सभी ने हर्ष प्रकट किया।

सभा की कार्यवाही लगभग एक प्रहर तक चलती रही। सभा में स्थानीय व्यवस्थाओं, वैदेशिक प्रकरणों, मेरों के विद्रोह, शिक्षा एवं स्वास्थ्य विभागों से सम्बन्धित अन्य कई विषयों पर चर्चा एवं निर्णय हुए। पंडित तिल्हभट्ट के स्वस्तिवाचान एवं एकलिंगनाथ की स्तुति के बाद सभा का कार्यक्रम समाप्त हुआ। विरूद गाने वालों, चामरिकाओं एवं सुरक्षा अधिकारियों से घिरे प्रोढ़ावस्था में पहुंचे राणा लाखा ने सभा भवन छोड़ा।

रणमल का मन काँप रहा था। अपने आवास पर पहुंच कर उसने बीजा को बुलाया और कहा –

''बीजा ! लगता है, यहाँ भी हमारे पाँव उखड़ रहे हैं।'' रणमल के चेहरे पर पसीने की बूँद उभर आई।

''क्या हुआ, युवराज?''

''हुआ क्या? लगता है वह डोमनी जो जंगल में भाग गई थी, चित्तौडगढ़ में आ चुकी है। महाराणा जी से अपनी व्यथा भी निवेदन करने जा रही है। मैं तो उसे भूल ही चुका था। उस घटना को भी लगभग दस – ग्यारह महिने बीत गए किन्तु आज सभा भवन में एक महिला का न्याय हेतु आवेदन करना घबराहट का कारण बन गया।''

''क्या आपने उस डोमनी को देखा।''

''नहीं ! उसे किसी मंदिर में ठहराया गया है। हो सकता है, वह डोमनी ही हो। आज वह महारानी जी से तथा कल संभवतया महाराणा जी से अपनी फरियाद करेगी। साथ ही इस डोम को यदि पता लग गया तो वह हमारा शत्रु बन जायेगा।''

''यह व्यवस्था मुझ पर छोड़ दें। यदि वह स्त्री डोमनी है तो वह धरती पर नहीं रहेगी। डोम को इसी समय कुछ घोड़े एवं ऊंट देकर दुर्ग के नीचे के मैदानों में भेज देता हूँ। ताकि उसे किसी भी घटना की जानकारी नहीं हो।'' बीजा राठौड़ ने समस्त व्यवस्था अपने हाथ में ले ली। ऐसे कार्यों में उसकी बुद्धि अधिक सक्रिय हो जाती थी।

अगले दिन लोगों को पता लगा कि सर्पदंश अथवा विष के प्रयोग से अपनी प्रार्थना सुनाने आई किसी महिला की मृत्यु हो गई। उसकी दो महिनों की एक बालिका को मंदिर की सेविकाओं ने अपने संरक्षण में ले लिया।

5

केल्जर की पहाड़ियों के दुरूह वन में एक नरभक्षी शेर ने बड़ा आतंक मचा रखा था। गांव के लोगों की विशेष प्रार्थना पर महाराणा लाखा स्वयं अपने दलबल के साथ इस वन में पहुंच गए। महाराज कुमार चूण्डा, उसके भाई राघवदेव एवं अन्य कई प्रतिष्ठित सामंत भी इस अभियान में अपने भालों तीरों एवं तलवारों को लिए साथ थे। समस्त पर्वत श्रृंखला को मानव श्रृंखला ने घेर लिया। घाटियों के नीचे की समतल भूमि पर महाराणा स्वयं अपने परिवार के साथ उपस्थित थे। एक कोने से हलचल उठी। महाराणा लाखा के समीप बैठा दल तत्पर हो गया।

''कुंवर जी ।'' कुछ रूक कर महाराणा ने कहा –

''लगता है शेर इधर ही आना चाहता है। पत्तों की खड़खड़ाहट इसी ओर बढ़ती दिखाई दे रही है। सतर्क रहिए।''

वास्तव में थोड़ी दूर पर शेर दिखाई दिया। इसके पहले कि वह अन्य दिशा में पलायन करता, महाराणा लाखा का तीर उसके पेट की छेदता हुआ दूसरी ओर निकल गया। शेर के पेट से रक्त बहने लगा। घायल शेर ने राणा की ओर छलांग लगाई। घायल सिंह महाराणा को आहत करे, इसके पूर्व ही युवराज चूण्डा का भाला उसके खूले मुंह में प्रवेश कर गर्दन को पार करता हुआ रीढ में घंस गया। ओंधे मुँह घिरे शेर ने दुबारा साहस कर आक्रमण करना चाहा, किन्तु अत्यधिक रक्तस्त्राव से वह ऐसा नहीं कर सका। कोई आधी घड़ी तक वह जीवन से संघर्ष करता रहा और अन्त में. दम तोड़ गया।

''बधाई, कुंवर जी ।''

''बधाई के असली हकदार तो आप है, अन्नदाता। आपके तीर से ही उसका मनोबल टूट गया था।''

''पुत्र। यही राजनीति का पाठ है।''

''कैसे, अन्नदाता?'' साश्चर्य चूण्डा अपने पिताश्री की ओर देखकर कहा–

''शेर को घेरा गया। उसके प्रमुख हत्यारों ने यह तय कर लिया कि वह इस स्थान की ओर ही बढ़ेगा और हमने उसका काम तमाम कर दिया। इसमें राजनीति कैसे हुई, पूज्यवर।''

''बेटे ! व्यक्ति का स्वयं बलवान होना ही पर्याप्त नहीं होता है। बड़े – बड़े सामर्थ्यवान लोग संगठित लोगों के घेरे में आकर अपने प्राण खो देते हैं।''

''एक दूसरा सत्य भी साथ जुड़ा है, अन्नदाता।''

''कौन सा सत्य, पुत्र?'' इस बार लाखा के चौंकने की बारी थी।

''यही कि संगठन आवश्यक है तथा सही आकलन भी आवश्यक है। राजनीति में सही आकलन का भी बड़ा महत्व होता है।'' युवराज ने अपना मन्तव्य प्रकट किया।

''इसलिए, सदा याद रखो कि राजनीति गणित है, साहित्य नहीं। भावुकता, दया, करूणा जैसे वैयक्तिक भाव निजी संबंधों में तो उपयोगी हो सकते हैं किन्तु राज्य संचालन में नहीं। राजनीति का प्रत्येक कदम तर्क पर आधारित होता है।''

''किन्तु पूज्यवर, आपको इस समय यह बात क्यों सूझी।'' चूण्डा का चेहरा आश्चर्य भाव से भरा था।

''इसका भी कोई न कोई कारण अवश्य है।'' महाराणा वार्ता में रहस्य पर आवरण डाल रहे थे।

''यदि गोपनीय न हो तो मैं जानना चाहूँगा, पिताश्री।''

''बेटा ! मेरा अनुमान है कि तुम्हारे मन में भावुकता अधिक है। यह भावुकता, सत्यवादिता एवं समाज के पिछड़े वर्गों के प्रति करूणा का भाव छल – छिद्र वाली कूटनीति से कैसे मेल खाएंगे, यह मेरी चिन्ता का विषय है।''

''इसकी परीक्षा तो अवसर पर ही होगी, देव ! परन्तु एक बात बहुत स्पष्ट है कि आपने जो गुण या दुर्गुण मुझमें देखे हैं उन्हें राजनीति के छल – छन्दों के भय से त्यागना मेरे कठिन ही नहीं, असंभव होगा।'' चूण्डा ने दुविधा भरे दलदल को सहज ही पार कर लिया।

इतने में कई परिकर, स्वजन एवं अधिकारी सफल शिकार की बधाई देने आ पहुंचे। सारा दल – बल दुर्ग की ओर बढ़ने लगा। दुर्ग की चढ़ाई एक – एक द्वार को पार

करके पूरी हुई। जैसे ही महाराणा का हाथी सूरजपोल से दुर्ग के भीतर पहुंचा, तुरही, ढोल, नगाड़ों का बजना बन्द हो गया।

''क्या हुआ, महामात्य।'' हाथी पर बैठे महाराणा ने पूछा।

''अन्नदाता ! केशव कुम्हार के पुत्र का विवाह हुआ था। यह शोभा यात्रा उसी की थी किन्तु हमें आया देख उन्होंने अपनी शोभा यात्रा रूकवा दी।''

''प्रजापति से कहो कि वह अपना कार्यक्रम चलाता रहे। हम स्वयं उसके पुत्र की बारात को जाता हुआ देखना चाहते है।'' महाराणा ने आज्ञा दी और एक दीर्घ निःश्वास छोड़ा। हाथी पर पीछे की ओर बेठे महाराज कुंवर ने पिता द्वारा छोड़े गए निःश्वास को बड़े ध्यानपूर्वक देखा, किन्तु कोई प्रतिक्रिया प्रकट नहीं की।

ढोल और नगाड़े फिर बजने लगे। केशव कुम्हार के बेटे की शोभा यात्रा धीरे – धीरे आगे बढ़ी। आगे – आगे ढोल और ''बॉक्या'' (बिगुल जैसा एक लंबा वाद्य यंत्र) का सम्मिलित कर्णप्रिय स्वर चारों और गूँजने लगा। उसके पीछे घोड़े पर केशव का पुत्र। पुत्र के साथ विविध रंगों की पगड़ियों, धोतियों एवं अंगरखियों में सजा जाति का पुरुष वर्ग और सबसे पीछे रंग बिरंगी साड़ियों में लिपटी मधुर मांगलिक गीतों को गाती हुई स्त्रियाँ चल रही थी। इन स्त्रियों के बीच रेशमी साड़ी – और ऊपर चूनड़ ओढ़े एक वधू भी दिखाई दी।

कुछ पलों तक महाराणा भी इस दृश्य को देखते रहे। पता नहीं वे किन विचारों में खो गए। महाराणा उस समय पुनः चेतन्य हुए जब महावत ने हाथी को आगे बढ़ाना प्रारंभ किया। महाराणा ने पुनः एक दीर्घ निःश्वास छोड़ा।

शिकार से लौटे महाराणा ने राजप्रासाद में प्रवेश कर अपने कक्ष की ओर प्रस्थान किया। इसके पूर्व महाराणा ने सभी अधिकारियों, सेवकों एवं राजपुत्रों को अपने – अपने आवास पर जाने की स्वीकृति दे दी किन्तु युवराज चूण्डा महाराणा के साथ – साथ उनके कक्ष चले गए।

'क्या बात है, पुत्र कुछ कहना चाहते हो।'' महाराणा ने पुत्र से पूछा।

"पिताजी ! हम पुत्रों का दायित्व है कि जहाँ तक संभव हो हम आपको प्रसन्न रख सके। यदि हम ऐसा नहीं कर सके तो हमारा होना और न होना एक समान ही होगा।" युवराज ने उत्तर दिया।

"मैं तुम्हारा अभिप्राय नहीं समझा पुत्र।" सतर्क महाराणा ने पुत्र के मुखमण्डल का निरीक्षण किया।

"मेरी इसे अनुनय, विनय, प्रार्थना या हठ ही समझे किन्तु यह समझाने की कृपा करें आपने कुम्हार की बारात देखकर निःश्वास क्यों छोड़ा था?"

"अरे छोड़ो पुत्र ! सांसों का क्या है, कभी कैसी निकल जाए।"

"मेरा इसे दुराग्रह ही समझे। मैं इसका कारण समझ कर ही जाउंगा। आपको मेरी शपथ है आप सत्य ही कहेंगे। मुझे वे सारे विचार बताइये जो निःश्वास छोड़ते समय आपके मन में आए थे।"

"आप यों ही खड़े – खड़े क्यों बतिया रहे हैं। बैठकर बात करें।" कक्ष में प्रविष्ठ चूण्डा की माताजी ने अपना सुझाव दिया।

"माताजी ! आप हमारे लिए अल्पाहार भिजवाने की कृपा करावें। हम कुछ देर तक यहीं बात करना चाहेंगे।"

चूण्डा के उत्तर से महाराणी ने सहज ही अनुमान लगा लिया कि उसका पुत्र किसी गंभीर विषय पर अपने पिता से चर्चा कर रहा था। वह चुपचाप कक्ष से बाहर चली गई।

"आप आज्ञा करें, अन्नदाता।"

"बेटा ! विचारों का क्या है। वे तो पल – पल में नया – नया रूप ग्रहण करते हैं।

"फिर भी मेरा प्रश्न तो अनुत्तरित ही है, पिताजी।"

"बेटा ! भावुकता उचित नहीं है।"

"यह भी मेरे प्रश्न का उत्तर नहीं है, पिताजी। यदि आप उत्तर नहीं देंगे तो मैं यह कक्ष नहीं छोड़ूँगा।"

"हठ उचित नहीं है, पुत्र।"

"आज आपको मेरा हठ रखना ही होगा, पिताजी।" चूण्डा का आवेशित मुखण्डल देखने योग्य था।

"हठ उचित नहीं है। तुम अपने कक्ष में जाओ, पुत्र।"

"यदि यही आपकी आज्ञा है तो मैं प्रस्थान कर रहा हूँ किन्तु अब जीवित चूण्डा आपके दर्शन करने उपस्थित नहीं होगा।"

"यह क्रोध एवं हठ उचित नहीं है पुत्र।" इस बार महाराणा का स्वर प्रकंपित हुआ। चूण्डा ने महाराणा के पैर पकड़ लिए। वह किसी भी प्रकार उन्हें छोड़ना नहीं चाहता था। महाराणा स्तंभित सा अनुभव करने लगे। उन्होंने साहस संजों कर कहा" अच्छा.........।

"तो सुनो पुत्र ! सामने रखे आसन पर बैठकर मेरे भावों को सुनो।" महाराणा और युवराज चूण्डा कक्ष में लगी पीठिकाओं पर बैठ गए।

"मुझे वह समय याद आ गया, पुत्र। जब तुम्हारी माँ से मेरा विवाह हुआ था। उस समय मेरी भी बारात सजी थी। मैं दुल्हा बना हाथी पर सवार था। इसी प्रकार के वाद्य यंत्र बज रहे थे। मैं बहुत प्रसन्न था। किन्तु समय कितना सरक गया इसका मुझे पता ही नहीं लगा। आज मैं वृद्ध होने की ओर बढ़ चला हूँ। विवाह की उम्र चली गई। मेरी बारात अब इस उम्र में कैसे सज सकती है। वाह रे समय। तूने हमें युवा से वृद्ध बना दिया। इसी प्रकार के विचार उस समय मेरे मन में घुमड़ रहे थे। इसी क्रम में निःश्वास निकल गया।" लाखा के समक्ष अतीत चलचित्र की भांति चलने लगा था।

"जो कुछ कहा, क्या वह सत्य है।" चूण्डा ने पुनः पूछा।

"हाँ पुत्र ! यही विचार उस समय मेरे मन में था।" महाराणा ने पुनः निःश्वास छोड़ा। इतने में महारानी जी एवं एक सेविका ने अल्पाहार की सामग्री के साथ कक्ष में प्रवेश किया। बाप – बेटे चुपचाप अपने में खोए अल्पाहार करते रहे। महारानी जी इधर – उधर की घर – धन्धों की बातें सुनाती रही।

उस रात महाराज कुंवर चूण्डा सो नहीं जाए। पिता की उम्र और उनके मन में विवाह के प्रति आकर्षण के भाव के बीच संतुलन नहीं बैठ पा रहा था। रह – रहकर महाभारत कालीन महाराज शान्तनु और सत्यवती का कथानक उनके मन से निकल नहीं पा रहा था। गांगेय देवव्रत ने भी तो पिता की प्रसन्नता के लिए कुछ खोया था। पिता के

प्रति भक्ति क्या शाब्दिक ही उचित होती है? मात्र शिष्टाचार तक ही आपसी प्रेम, श्रद्धा और विश्वास की परिणति समझ ली जानी चाहिए या इन सद्‌गुणों की सूक्ष्म परिभाषाओं की गहराई में भी जाना चाहिए। बाहरी दिखावे की छलना और आंतरिक स्नेह की अविच्छिन्न सरिता के बीच द्वन्द्व छिड़ गया था। राजनीति और कूटनीति ऊपरी व्यवहार तक ही अपने संबंधों के रखने के पक्ष में थी। कल पिताजी ने भी शिकार स्थल पर यही कहा था कि भावुकता का राजनीति में प्रवेश वर्जित है। राजनीति गणित है। दूसरी ओर अन्तर्मन कहता है कि जिन सम्बन्धों में पवित्रता, शुद्धता एवं आत्मीयता है, वहाँ दिखावा कैसा? यह कैसी नीति है कि पुत्र भी पिता से राजनीति करें? क्या देवव्रत के मन में भी ऐसा ही भाव आया होगा? संभव है पिताश्री की संतुष्टि को ही उन्होंने आदर्श मानकर अपने बारे में निर्णय लिया था। संसार जानता है कि यही देवव्रत अपने पिताश्री के प्रति निष्ठा और भक्ति के कारण ही भीष्मपितामह बन गया। प्रातः होते – होते द्वंद्व छंट गया। मन में छाई धुंध समाप्त हो गई। उषाकालीन आलोक की छवि से पथ स्पष्ट दिखाई देने लगा।

प्रातःकाल ही युवराज के मित्र एकत्रित हो गए। इन मित्रों में जो प्रमुख थे उनका सामान्य परिचय इस प्रकार है – दो मित्र उसके भाई थे। महाराणा लाखा की एक उपपत्नी सुथार जाति की थी। इस पत्नी से उत्पन्न दो पुत्र लगभग चूण्डा की उम्र के ही थे। एक का नाम था चाचा या चाचंगदेव तथा दूसरे का नाम था मेरा या मेरूसिंह। ये दोनों भाई तलवार बाजी में अपना नाम कर चुके थे। एक मित्र था पंवार या महीपसिंह पंवार। महपा के पिता अजमेर के ठाकुर थे। इन्हीं के परिवार का वंश कालान्तर में अजमेर के समीप श्रीनगर में बस गया। आज भी इनके वंशज श्रीनगर में व्यवस्थित है। एक अन्य मित्र एवं सहपाठी था रामप्रसाद माहेश्वरी। इसके पिता श्री जयराम चित्तौड़गढ़ का एक प्रमुख सेठ था। सेठजी का अनाज की मंडी पर मानो एकाधिकार था।

चित्तौड़गढ़ में नवलखा परिवार का बड़ा सम्मान था। इस परिवार का प्रमुख जैन मतावलंबी रामदेव नवलखा मेवाड़ के प्रधान आमात्य था। शासन को सुलझाना, उलझाना, सामंतों पर दृष्टि रखना और रत्नों के व्यापार की वृद्धि के उपाय सोचना इस शख्स का प्रमुख कार्य था। परिवार का प्रमुख रामदेव स्वर्गीय महाराणा क्षेत्रसिंह के समय मुख्यामात्य था। इन दिनों मुख्यामात्य का कार्य इसका पुत्र सहणपाल नवलखा देखता था। सहणपाल की विमाता से उत्पन्न एक पुत्र था सारंग, जो कि युवराज चूण्डा से उम्र में कुछ बड़ा था। वह चूण्डा से विशेष स्नेह रखना था। चूण्डा से मित्रता रखना – व्यापारियों के लिए

एक व्यवसायिक आवश्यकता भी थी, क्योंकि वह भावी महाराणा था। ये सभी मित्र बहुधा मिला करते थे। राजनीति पर चर्चा करते और यदाकदा राजकीय भोजों का आयोजन भी किया करते थे। यद्यपि पुरोहित पुत्र हरिशंकर पुरोहित और राजगुरु तिल्हभट्ट के परिवार के युवक भी चूण्डा के मित्र थे, तथापि चूण्डा के अन्य मित्रों से इनके विचारों मे मेल नहीं था। चूण्डा के चारों और फैली मित्र मण्डली अपने – अपने स्वार्थों को लेकर एकत्रित थी। जबकि इन दोनो पंडित पुत्रों की वार्ताओं और चर्चाओं का आधार शास्त्र, सिद्धान्त और सत्य हुआ करते थे। इस प्रकार वैचारिक मतभेदो में मूल अन्तर सत्यपरक नीति और स्वार्थजनित खुशामद के मध्य था।

आज प्रातः ही स्वार्थतत्व पर आधारित खुशामदी मित्रों का दल युवराज चूण्डा के कंवरपदा राजप्रासाद में एकत्रित हो गया। चाचंगदेव और मेरूसिंह सर्वप्रथम आ गए थे। इनमें से एक ने चूण्डा का चेहरा देखकर कहा –

''युवराज ! आपकी आंखों पर सूझन के स्पष्ट चिन्ह दिखाई दे रहे हैं। क्या बात है? लगता है आप सो नहीं पाए।''

''हाँ ! कुछ ऐसा ही समझ लो।'' चूण्डा ने उपेक्षा से उत्तर दिया।

''हमारे होते आपको नींद नहीं आए। कारण बताएँ महाराज कुंअर? यदि प्राण देकर भी हम आपके काम आ सके तो अपने आप को धन्य समझेंगे।''

मेरूसिंह ने अपनी बात भी समाप्त नहीं की कि पुरोहित पुत्र हरिशंकर तिल्हभट्ट का भतीजा विवेकभट्ट, मुख्य आमात्य का भाई सारंग एवं अन्य मित्रों ने कक्ष में प्रवेश किया।

मुंहफट्ट पुरोहित ने मेरूसिंह के वाक्य का आधा अंश सुन लिया था अतः बोल पड़ा–

''तलवारबाजी और प्राण देने का अवसर कहाँ आ गया है, मेरूसिंह।''

''तुम्हे पता होना चाहिए कि मैं महाराजकुंवर से बात कर रहा हूँ। तुम अपनी जिव्हा को मुंह में ही रख सको तो उत्तम होगा। देख नहीं रहे हो कि युवराज की आँखों में सूझन है।'' मेरूसिंह ने मित्रता की सहजता में कह दिया।

''युवराज, युवक है। हमारी भाभी को छोड़कर, इनकी आँख कहीं और जगह तो नहीं लग गई है।'' इस बार विवेकभट्ट ने वार्ता को दिशा दी।

"आंखों का क्या है, कहीं भी लग सकती है किन्तु युवराज़ आज्ञा दें तो मैं भी ऐसा ही कुछ निवेदन करना चाहता हूँ।" महीपसिंह ने कहा।

"बोलो, महीपसिंह।" चूण्डा ने संक्षिप्त उत्तर दिया।

"हमारे राज्य के नए सामंत श्री रणमल जी राठौड़ चाहते हैं कि महाराज कुंवर उनके अतिथि बनें।" महीपसिंह ने निवेदन किया।

"रणमलजी के पाँवों में क्या मेंहदी लगी है कि स्वयं आकर निवेदन नहीं कर सके। दूसरी बात यह है कि आप तो किसी जगह आंख लगने की बात कर रहे थे।" हरिशंकर पुरोहित ने तीर फेंका।

"पंडित पुत्र ! तुम हमें बोलने ही कहाँ देते हो। आप कुछ समय मौन नहीं रह सकते?" महीपसिंह ने कुछ क्षुब्ध होकर कहा।

"कहो मित्र। रणमलजी की बात को पूरा करो।" युवराज ने सीधे प्रसंग की ओर वार्ता को मोड़ा।

"रणमलजी, मारवाड़ से आए हैं। वे चाहते हैं कि मैं आपके और उनके बीच मध्यस्थता करूं।" महीपसिंह ने कहा।

"अर्थात् दलाली और दलाली की कीमत वसूल करूं यह सोचकर आए हो।" विवेकभट्ट उबल पड़ा।

"एक बात स्पष्ट है कि तुम ब्राह्मण खाए बिना रह सकते हो, किन्तु चुप रहना तुम्हारें बस में नहीं है।" महीपसिंह ने उत्तर दिया।

"यह मध्यस्थता किस उद्देश्य के निमित्त है, महीप?" युवराज कह उठे।

"सही बात यह है कि रणमलजी की एक बहिन है। वे चाहते हैं कि उसका सम्बन्ध यहाँ के राजघराने से हो। इसी बात को लेकर वे आपको अपने आवास पर बुलाना चाहते हैं।"

"तो यह बात है। रणमलजी ने कुछ इनाम इकरार भी दिया है क्या?" पुरोहित बिना बोले नहीं रह सका।

"उनसे कहना कि मैं आऊंगा और आप सभी को लेकर वहाँ पहुंचूंगा। उन्हें कहो कि आज ही यह कार्यक्रम बना लें। ईश्वर ने मेरी सुन ली।" युवक चूण्डा ने संतोष की सांस ली।

"क्या मतलब?" विवेक पूछ बैठा।

"इसमें मतलब ओर कुछ नहीं। महीपसिंह जो चाहते हैं, उसकी स्वीकृति युवराज ने दे दी।" वणिकपुत्र सारंग ने वार्ता का पटाक्षेप किया। पर्याप्त वाद विवाद के बाद तय रहा कि सायंकाल सूर्यास्त के पश्चात् सभी युवक रणमलजी की हवेली पहुंच जाएंगे। एक – एक कर सभी विदा हुए। किसी ने भी युवराज की रक्तिम आँखों के कारणों की गहराई में उतरने का प्रयास नहीं किया।

6

चौहदवीं शताब्दी के मध्य में चित्तौड़गढ़ के राज्य सिंहासन पर महाप्रतापी महाराणा हमीर आसीन थे। उन्होंने ही उल्लाउद्दीन खिलजी के आक्रमण के पश्चात खण्ड – खण्ड हुए मंदिरों, प्रासादों एवं सामान्य जनता के आवासीय भवनों का पुनर्निमाण कराया था। उनके जीवन में आद्या शक्ति भवानी के शुभाशीष की कई घटनाएँ घटित हुई थी। उन्होंने भी इसकी स्मृति में चित्तौड़गढ़ दुर्ग पर अन्नपूर्णा का प्रसिद्ध मंदिर बनवाया था। दुर्ग क्षेत्र में इन दिनों जहाँ बस्ती है, उनके उत्तर – पश्चिम की ओर यह मंदिर बना है। अन्नपूर्णा के मंदिर और कुक्कुटेश्वर महादेव के बीच आज भी एक कुण्ड विद्यमान है, जिसे माताजी का कुण्ड कहते हैं। देवी के मंदिर और राणा रतनसिंह के महलों के बीच एक छोटा सा तालाब भी अवस्थित है। इस तालाब तथा माताजी के कुण्ड पर पक्के घाट बने हुए है। कुण्ड का पानी पीने के काम में लिया जाता है जबकि तालाब का पानी नहाने धोने के काम में आता है।

संध्या से कुछ समय पूर्व युवराज ने रत्नसिंह के महलों से प्रस्थान करना चाहा। अपने सेवकों और अंगरक्षकों को युवराज ने अन्नपूर्णा मंदिर के बाहर प्रतीक्षा करने का आदेश दिया। सभी को इस विचित्र आदेश पर आश्चर्य हुआ। कुंवर ने पहले तो कभी ऐसा नहीं कहा था। कुंवर का व्यवहार भी आज अनमना सा ही रहा। दोपहर में भोजन भी पूरा नहीं किया। कई बार उन्हें प्रासाद के कक्ष में इधर उधर टहलते भी देखा गया।

युवराज बिना किसी सेवक को साथ लिए संध्या होते – होते निकल पड़े। लबालब भरे तालाब के घाट पर कोई दो चार लोग ही स्नान कर रहे थे। तीन पंडित वहीं बैठे सायंकालीन संध्या एवं जप करने में तल्लीन थे। तालाब से आगे बढ़ कर कुंवर ने अन्नपूर्णा के मंदिर की ओर कदम बढ़ाए। कुंवर के आते ही पुजारी एवं अन्य सेवकों ने दर्शनार्थियों को हटाना आरम्भ किया किन्तु कुंवर ने उन्हें रोक दिया। वे भी भीड़ में समा गए। कुंवर नहीं चाहते थे कि मंदिर में उनके साथ विशिष्ट व्यवहार किया जाए। मंदिर के बाहर खुले भाग में देवी के वाहन, सिंह की विशाल प्रतिमा अवस्थित थी। इसी प्रतिमा के पास बैठी एक युवती अपने कोकिल कंठ से माँ अन्नपूर्णा की स्तुति गा रही थी। वाद्य यंत्रो की ध्वनि, युवती के आरोह – अवरोह युक्त स्वर लहरियों की अनुगूँज ओर नृत्य

कर ही एक बालिका के पैरों में बंधे घुँघरूओं की ढमक से सारा दर्शक मण्डल चित्र लिखित सा शान्त दिखाई दे रहा था।

दर्शकों की भीड़ में अपना मार्ग बनाकर युवराज धीरे से गर्भग्रह में पहुंच गए। मंदिर में अर्चनारत पुजारी को कुंवर ने चुप रहने का संकेत किया और स्वयं पूजा में बैठ गए। कुछ ही क्षणों में संगीत, नृत्य एवं वाद्य की त्रिवेणी के लय में युवराज, देवी की प्रतिमा के समक्ष ध्यानस्थ हो गए। मन ही मन देवी से आज की गोष्ठी मे उनके द्वारा उठाये जाने वाले कदम को सफलता दिलाने की प्रार्थना करने लगे।

धीरे – धीरे सम पर आकर संगीत का स्वर समाप्त हुआ। युवा गायिका उठी। थाल में सजी पुष्पमाला को हाथों में लिया और देवी की प्रतिमा की ओर चल पड़ी। भीड़ की अधिकता के कारण, निज मंदिर के बाहर लगे भीड़ रोधी पाषाण पट्टिका के पासआकर उसने थाल से माला फेंकी। किन्तु वह सहसा चौक उठी। माला देवी की प्रतिमा की ओर न जाकर वहाँ बैठे युवराज के गले में जा पड़ी। युवराज का ध्यान भंग हुआ। उन्होंने एक दृष्टि भीड़ की ओर फेंकी। वहीं भीड़ में सुगठित शरीरधारी गौर वर्णा युवती ने हाथ जोड़ निवेदन किया, ''क्षमा करना, युवराज।''

''ये कौन है, पुजारी जी।''

''यह इस मंदिर की सेविका है, युवराज। जन्म क्षत्रिय घराने में हुआ पर कर्म ब्राह्मण के है। बहुत ही अच्छा गा लेती है।'' पुजारी ने संतुलित उत्तर दिया।

''वह, तो मैं सुन चुका हूँ।'' युवराज की दृष्टि उस लावण्यमयी युवती से मानों हटना ही नहीं चाहती थी। भीड़ के कारण युवती एक और हट गई और भीड़ में विलीन हो गई।

''यह लड़की अनाथ हो गई थी, पता नहीं कौन इसे इस मंदिर में छोड़ गया। जब आई थी तब पाँच बरस की थी। हमारे कोई सन्तान नहीं थी अतः इसे ही पाल पोस कर बड़ा किया। अब हम ही इसके माता पिता है, युवराज।'' पुजारी ने संक्षिप्त परिचय दिया।

''किन्तु उसके साथ तो एक नन्हीं बालिका भी थी। क्या आपने इसका विवाह करा दिया।''

''नहीं युवराज ! आप यदि जानना ही चाहे तो कुछ समय के लिए मेरे आवास पर चले युवराज।'' पुजारी ने कहा।

युवराज चूण्डा यंत्रवत पुजारी के पीछे – पीछे चल पड़ा। पुजारी के कक्ष में बिछी चटाई पर युवराज और सामने पड़ी मृगछाल पर पंडित बैठ गये।

''आपने दो वर्ष पूर्व एक हत्याकाण्ड के बारे में सुना होगा, चूण्डा जी।''

''कौनसा हत्याकाण्ड, पुजारी जी?''

''एक डोम जाति की महिला यहाँ आई थी। उसने यहीं एक पुत्री को जन्म दिया। उसने महाराणाजी के दरबार में अपनी पीड़ा भी निवेदन की थी।''

''क्या पीड़ा थी उसे?''

''उसके साथ किसी क्षत्रिय दल के सदस्य ने बलात्कार किया था।''

''फिर।''

''यह गर्भवती हो गई। उसका पति खो गया। उसने पति को खोजने का बहुत प्रयास किया किन्तु कहीं पता नहीं लगा। अन्त में उसने महाराणाजी को अपने प्रति हुए अन्याय की बात कहने का निश्चय किया। समाज के डर से वह अपने गाँव भी नहीं जा सकी और पैदल चलकर मदारिया के जंगल से चित्तौड़गढ़ आ गई। यहीं मंदिर की अतिथिशाला में महिनों तक पड़ी रही। एक दिन उसने उस बलात्कारी को यहीं पहचान भी लिया। उसने मुझसे सलाह ली। मैंने उसे बताया कि बलात्कारी से सीधी लड़ाई की अपेक्षा महाराणाजी से न्याय की बात कहनी चाहिए। राणाजी ने अपने गुप्तचरों को उस बलात्कारी को पकड़ने का आदेश दिए किन्तु उस महिला के भोजन में किसी ने जहर मिला दिया और वह मर गई। उस डोम महिला की ही वह बच्ची है जिसे आपने भीड़ में राधा के साथ देखा है। राधा उसे अपनी बच्ची की तरह पाल रही है। राधा कहती है जिस प्रकार हमने उस अनाथ को पाला है, उसी प्रकार वह स्वयं भी इस बालिका को बड़ा करेगी।

''वह बलात्कारी कौन था?''

''मुझे पता है युवराज, किन्तु नाम खोलने में डर लगता है।''

''आप निर्भय रहें, पुजारी जी। मैं उस नाम को अपने तक ही रखूंगा।''

"वे है मण्डोर के सामन्त के सहयोगी। उन्होंने की मण्डोर से मेवाड़ आते समय जंगल में एक पड़ाव पर यह कुकृत्य किया था। वहीं पर एक अन्य युवक ने भी बहते पानी में अपने हाथ धोए थे। क्षमा करना, युवराज, यदि आपको नाम सुनकर कुछ अटपटा लगा हो।"

"ऐसी कोई बात नहीं है, पुजारी जी। आप निश्चिंत रहे। इन दोनों की सार संभाल आप करते रहे। आपको इस हेतु आवश्यक खर्च मैं भिजवा दिया करूंगा।" युवराज ने विदा ली।

युवराज मंदिर की सीढ़ियाँ उतरकर अपने अश्व पर आरूढ़ हुए और अंगरक्षकों के साथ रणमलजी की हवेली की ओर बढ़ गए।

चित्तौड़गढ़ के सूरजपोल से चित्रांगदमोर्य द्वारा बनाए गए तालाब की ओर जाने वाली सड़क पर सर्वप्रथम भीमलत कुण्ड आता है। सड़क, दुर्ग की पूर्वी दीवार के साथ – साथ कुछ अन्तराल पर बनी हुई है। कुछ आगे बढ़ने पर जमीन के ऊंचे भाग पर सड़क के दायीं ओर एक भग्न खण्डहर दिखाई देता है। इस दो मंजिले भवन को आज भी रणमलजी की हवेली कहा जाता है। उन दिनों इस हवेली का निर्माण नया – नया हुआ ही था। श्वेत रंग की यह हवेली दुर्ग के पूर्वी मैदान से चमकती हुई दिखाई देती थी। इस हवेली से कोई एक सो मीटर दूर दुर्ग की कोट बनी हुई है। दुर्ग की इस दीवार से जो कि सीधी खड़ी चट्टानों पर बनी हुई है, नीचे की ओर लगभग तीस पेंतीस मीटर की परिधि में वन आच्छादित था। रणमलजी की हवेली के परिसर के तीन ओर पार्श्ववर्ती भाग में छोटी –छोटी कोठरियाँ बनी हुई थी। हवेली के चारों ओर एक रक्षात्मक दीवार बनी हुई थी। मात्र एक ही मुख्य द्वार था, जिसमें हाथी पर बैठकर व्यक्ति अन्दर प्रवेश कर सकता था। इस प्रकार चित्तौड़गढ़ के कई स्थानों पर सामन्तों, अधिकारियों एवं अन्य देशों के राजदूतों के कई भवन बने हुए थे। रणमल की हवेली, राठौड़ क्षत्रियों का प्रमुख गढ़ था। दुर्ग की सामने वाली दीवार के नीचे के वन तथा पर्वतपदीय भाग में इन राठौड़ों के घोड़े और ऊंटों की चराई होती थी। किले की इस दीवार में एक बुर्ज भी बनी हुई है। इस बुर्ज पर राठौड़ लोगों की चौकी थी। इस चौकी पर राठौड़ों का बना रहना इसलिए भी आवश्यक था कि संकट के समय बुर्ज के नीचे रस्सियों से बंधी सीढ़ियों को लटका कर भागा जा सके। रणमल द्वारा किया गया इस स्थान का चयन, वास्तव में उसकी सतर्क दृष्टि का परिचायक कहा जा सकता है।

संध्या होते–होते राजकुमार के साथियों का आना – जाना आरम्भ हुआ। मुख्य द्वार के समीप जो भी अतिथि आता उसका घोड़ा राठौड़ नवयुवक पकड़ लेते और हवेली के पीछे की अश्वशाला में लेजाते और आगंतुक को सभा स्थल का स्थान दिखा देते। देर तक यह क्रम चलता रहा। कुछ क्षणों के पश्चात् दस बारह अश्वारोही अंगरक्षकों से घिरा युवराज चूण्डा रणमल की हवेली के मुख्यद्वार पर पहुंचा। वहाँ उसका तिलक एवं माल्यार्पण कर स्वागत किया गया। रणमल ने एक थाल में रखी एक सौ एक स्वर्णमुद्राएँ राजकुमार को भेंट स्वरूप दी। युवराज ने मुद्राओं को छुआ। राजकुमार, रणमल से आत्मीयता से मिले। कुंवर को आदर के साथ हवेली में ले जाया गया। राजकुमार के आगमन के साथ ही रात्रि भोज आरम्भ हुआ। सिसोदिया कुल में शराब पीना अपराध माना गया था। अतः रणमल को भी उस दिन बिना शराब पिए ही भोजन करना पड़ा। भोजनोपरान्त पान का बीड़ा मुंह में डालकर युवराज ने अपने साथियों के समक्ष रणमल से बातचीत आरम्भ की। रणमल चाहता था कि उसकी बहन की चर्चा किसी तरह आरंभ हो जाए ताकि वह राजकुमार के मन की थाह पा सके।

''इस बार तो बारातों की बड़ी धूम रही। पिछले पाँच सात दिनों मे तो प्रतिदिन ढोल और नगाड़ों की ध्वनि ने आसमान ही गुँजा दिया।'' रणमल ने वार्ता की भूमिका बाँधी।

''यह तो प्रतिवर्ष होता ही है। मुझे भी एक बड़ी उम्र की क्षत्रिय कन्या की तलाश है। क्या आप में से कोई इस खोज में मेरी सहायता कर सकता है।'' चूण्डा अपनी वार्ता को सीधा रखना चाहता था।

''हमारे भी एक बाइजी हैं। रणमलजी की बहिन है। यदि आपकी खोज के अनुकूल हमारा परिवार ठहरता हो तो विचार किया जा सकता है।'' इस बार रणमल के सहायक बीजा ने वार्ता सूत्र को धार दी।

''आपकी बहिन की क्या उम्र होगी, रणमलजी।'' चूण्डा ने दृढ़तापूर्वक पूछा। सभी साथी दंग रह गए। शादीशुदा चूण्डा पहले तो ऐसा कभी दिखाई नहीं दिया। क्या हो गया है इसे। सभी आश्चर्य के साथ चूण्डा की ओर देखने लगे।

''यही कोई सत्रह – अठारह वर्ष। मेरी बहिन इन दिनों मेरे साथ ही रहती है।'' रणमल ने चूण्डा की खोज पूर्ण दृष्टि से देखा।

''क्या आप अपनी बहिन का विवाह करना चाहेंगे।'' चूण्डा ने सीधा प्रश्न किया। रणमल सकपका गया। जिसे वह भोला भाला, युवराज मान रहा था, वह ऐसा सपाट सवाल करेगा, इसकी उसे आशा तक नहीं थी। जिस चर्चा को आरंभ करने में ही रणमल सकुचा रहा था, वह इस रूप में स्पष्ट हो जाएगी, इसकी उसे अपेक्षा तक नहीं थी।

''यदि कोई योग्य वर मिल जाए तो विवाह अवश्य करना चाहूँगा।'' रणमल की सांस मानो थम सी गई।

''मेरे पूछने का अर्थ है कि विवाह के लिए आपको मण्डोर जाकर पिताजी की अनुमति तो नहीं लेनी होगी।'' चूण्डा ने रणमल को पुनः छेड़ा।

''ऐसी कोई बात नहीं है। युवराज।'' रणमल एक बार फिर सांस रोककर युवराज के शब्द सुनने की प्रतीक्षा करने लगा।

''तो सुनो।'' युवराज कुछ क्षणों के लिए रूक गए।

''आज्ञा दें, युवराज।'' रणमल का धैर्य मानों चुक जाना चाहता था।

''आप अपनी बहिन का विवाह मेरे पूज्य पिताजी महाराणा लाखा के साथ करा दें।'' चूण्डा के वाक्य से मानों रणमल पर प्रहार हो गया। उसका सहायक बीजा किंकर्तव्यविमूढ़ हो गया। चूण्डा के साथी इस अप्रत्याशित आक्रमण को सहने की स्थिति में ही नहीं थे।

''युवराज आप क्या कह रहे हैं। यह असम्भव है।'' रणमल ने संयमपूर्वक संक्षिप्त प्रतिक्रिया व्यक्त की।

''आप चाहे तो यह संभव हो सकता है।'' चूण्डा ने अपना निश्चय पुनः दोहराया।

''यदि आप स्वयं मेरी बहिन का हाथ थामना चाहें, तो मैं सहर्ष स्वीकृति दे दूँगा।'' रणमल ने अपना मन्तव्य स्पष्ट किया।

''आपकी बहिन मेरे लिए माता के समान है। मैं उनके लिए अपने पिता के अतिरिक्त और कोई वर सोच हीं नहीं सकता।'' चूण्डा ने अपना निश्चय दोहराया।

रणमल पर मानों घड़ों पानी गिर गया था। रणमल स्वयं अपने सोचने की बुद्धि खो चुका था। उसे यह भय भी सताने लगा कि कहीं इस हाँ – ना के कारण राठौड़ों और सिसोदियों में तलवारें नहीं खिंच जाँय।

वह क्या स्वप्न लेकर आया था? आज का आयोजन भी चूण्डा के प्रति अपनी बहिन के सम्बन्ध की चर्चा चलाने के निमित्त किया गया था। इस सम्बन्ध के माध्यम से मेवाड़ जैसे हरे भरे देश के कुछ हिस्से पर अपना अधिकार स्थापित करने का मन्तव्य क्या यहीं समाप्त हो जाएगा? रणमल विचारों में खो गया।

"रणमल जी आपके दल में कोई चारण भी है या नहीं।" चूण्डा की दृढ़ता एक बार पुनः मुखरित हुई।

"युवराज ! हमारे साथ एक चारण युवक है किन्तु यह निश्चय समझिये कि मेरी बहिन का विवाह आपके वृद्ध पिताश्री के साथ नहीं हो सकता है। चाहे इसके लिए मुझे मेवाड़ ही क्यों न छोड़ना पड़े।" रणमल भी अपनी टेक पर अड़ा रहा।

"रणमल जी ! अब हम चलते हैं। आप इस प्रस्ताव पर कल संध्या तक विचार कर लीजिए और आपके चारण को मेरे आवास पर भिजवा दीजिए।" युवराज ने अपने निश्चयात्मक कदम आगे बढ़ाए। गोष्ठी का समापन अतिथि एवं आतिथेय के मौन के साथ हुआ। युवराज के अंगरक्षकों एवं मित्रों ने अपने – अपने घोड़ों को एड़ लगाई। चन्द्रमा के प्रकाश में रणमल एवं उसके सहयोगी घोड़ों के खुरों से उड़ती धूल को देर तक देखते ही रहे।

घोड़ों की टप – टप की ध्वनि चलती रही। यकायक चूण्डा ने अपना अश्व रोका। अश्व को बरगद की छँया में ले गए ताकि कोई उन्हें चांदनी रात में नहीं पहचान सके। अंगरक्षकों को कुछ दूर ठहरने का निर्देश दे दिया गया।

"हरिशंकर।" चूण्डा का स्वर लहराया।

"जी, युवराज।"

"आप सीधे गुप्तचर प्रमुख से मिले। उन्हें बिना घटना का विवरण दिए आदेश देना कि वे रणमलजी की हवेली पर कड़ी दृष्टि रखें और वहाँ की छोटी से छोटी गतिविधि की सूचना मुझ तक पहुंचावें।"

''महीपसिंह जी ! आप अपने साथ महाबलाधिपति की मुद्रा प्राप्त कर सैनिक शिविर से जितने चाहे सैनिक ले लें, ओर रणमल की हवेली को चारों ओर से घेर लें। कोई परिंदा भी बिना आज्ञा के न बाहर जाए या बाहर से भीतर प्रवेश करे। स्मरण रहे इस घटना की जानकारी किसी को न दें और ध्यान रखें कि रणमल भी हवेली से बाहर न जाने पाए।''

''जो आज्ञा, युवराज।'' महिपाल एवं हरिशंकर अपनी – अपनी दिशा में चल दिए।

''सारंग।''

''आज्ञा करें, युवराज।''

''आप रणमलजी की हवेली जाँय और वहाँ के चारण को लेकर सीधे मेरे आवास पर आ जाँय।'' चूण्डा के आदेश से सारंग भी अपने अश्व के साथ उल्टे पाँव लौट पड़ा।

''चाचंगदेव और मेरूसिंह मेरे साथ चले।'' चूण्डा के निश्चय के समक्ष सभी साथियों के स्वर मानों शान्त हो चुके थे। घोड़े फिर दौड़ पड़े। रात्रि का प्रथम प्रहर बीत चुका था। दुर्ग की आवासीय गलियों से कुत्तों के भौंकने की आवाज चारों ओर सुनाई दे रही थी। घोड़ों का काफिला अन्नपूर्णा मंदिर की सीढ़ियों के पास जाकर रूक गया। अंगरक्षकों को इस बार फिर दूर खड़ा रहने का आदेश दिया। मंदिर के पुजारी को बुलवाया गया।

''राधा कहाँ है, पुजारी जी।'' चूण्डा ने पूछा। पंडित सकपका गया। ऐसा अप्रत्याशित प्रश्न पहले तो कभी नहीं पूछा गया। इतनी रात गए एक युवती के बारे में एक युवक द्वारा पूछा जाना पुजारीको संशय में डालने का पर्याप्त आधार बन गया।

''पंडित जी। आप अन्यथा नहीं सोचे। मैं मेवाड़ का युवराज हूँ, क्षत्रिय हूँ। आपकी कन्या को अन्य किसी दृष्टि से देखना तो दूर सोचना भी पाप समझता हूँ। किसी गोपनीय कार्य के लिए उसकी सेवाओं की आवश्यकता है। आप उसे मंदिर के प्रांगण में आपकी पत्नी के साथ बुला लें। कुछ क्षणों के लिए मैं अकेले में उन्हें कोई विशेष सन्देश कहना चाहूँगा।'' चूण्डा का प्रत्येक शब्द निश्चय और दृढ़ता से ओतप्रोत था।

मंदिर के आगे के खुले प्रांगण में पुजारी की पत्नी, राधा और युवराज के बीच क्या बात हुई, इसकी जानकारी न पुजारी को हुई, न साथ आए किसी मित्र को।

आज की रात विविध रंगों में रंग गई। रणमल का युवराज चूण्डा पर क्रोध उमड़ रहा था। स्वयं को संयमित रखने में पीड़ा उसके अन्तर्मन को हो रही थी, उसका अनुमान लगाया जाना कठिन था। वह अपनी तुलना कोल्हू में पिस रहे गन्ने के डंठल से कर रहा था। रणमल की सहधर्मिणी की चिन्ता उससे भी बढ़कर थी। वह किस मुंह से हंसाबाई को एक वृद्ध के साथ विवाह की सलाह दें?''

''क्या उसकी सास ने अपनी बेटी को उसे सौंपते समय यही आशा की थी?'' रणमल के परिवार को उस समय एक ओर धक्का लगा जब सेवकों ने बताया कि हवेली का पूरा परिसर सशस्त्र सैनिकों से घिर गया था।

इधर चूण्डा की मित्रमण्डली युवराज के इस अप्रत्याशित व्यवहार का कारण नहीं खोज पा रही थी। राम प्रसाद माहेश्वरी, हरिशंकर पुरोहित, महपा पंवार, चाचंगदेव और मेरूसिंह आधी रात तक इसी विषय पर चर्चा करते रहे किन्तु कोई कारण उनकी पकड़ में नहीं आ रहा था।

चूण्डा और रणमल के चारण चंदन के बीच राजनीति के विविध पक्षों पर चर्चा चलती रही। चंदन को यह समझते देर नहीं लगी कि अब सिवाय हाँ के ओर कोई विकल्प नहीं था। चारों और सैनिकों से घिरा रणमल का परिवार आत्महत्या अथवा हाँ के अतिरिक्त और किसी विकल्प की सोच ही नहीं सकता था। रणमल और उनका राठौड़ क्षत्रियों का समूह या तो केसरिया पहन कर लड़े या आत्महत्या करें या अपनी बहिन को बूढ़े राणा के साथ बांध दें – कल्पना के इन विवर्तों से उलझते – सुलझते मध्य रात्रि भी ढल गई। उषाकाल से कुछ पहले ही चन्दन चारण लौट आया। हवेली के एक ओर के प्रकोष्ठ में रणमल और उसकी धर्मपत्नी ने चन्दन का उठकर स्वागत किया। पति और पत्नी की सूझी हुई आँखों और प्रश्नवाचक मुखाकृतियों को देख चन्दन स्वयं ही बोल उठा –

''युवराज रणमलजी ! आपके पास केवल एक ही विकल्प बचा है और वह है – हंसाबाई का महाराणा लाखा के साथ विवाह। इसके अतिरिक्त कोई मार्ग नहीं है। हम यहाँ कम संख्या में है। मंडोर बहुत दूर है वहाँ से किसी सहायता की आशा करना भी व्यर्थ है। आपके पिताश्री आपको मदद देंगे, इसकी कल्पना तक नहीं की जा सकती है। मेरी राय में यहाँ युद्ध करके मरने की अपेक्षा जीवित रहकर युवराज चूण्डा से बदला लिया जाना अधिक उचित होगा।''

"चंदन ! यह क्या कह रहे हो। मैं अपनी बहिन को बूढ़े के साथ बांध दूं, क्या यह अन्याय नहीं है?" रणमल की उत्तेजना बढ़ गई थी।

"रणमल जी ! यदि मृत्यु स्वयं भाभी को विधवा बना दें, तो आप किससे लड़ेंगे? हंसाबाई स्वयं मृत्यु का वरण कर ले तो आप किससे शिकायत करेंगे? आप और हम सभी विधाता के हाथों के खिलौने हैं। कल यदि जोर जबरदस्ती से आपकी बहिन को ये सिसोदिए उठा ले जायं, तो सिवाय मृत्यु के आपके पास क्या विकल्प है? आपको आवेश की अपेक्षा स्थिति की संवेदनशीलता पर ध्यान देना चाहिए। यदि हम जीवित रहे तो इस घटना का बदला भी तो लिया जा सकता है, और प्रतिशोध का आधार भी मैंने तैयार कर लिया है। "चंदन एक ही सांस में सबकुछ कह गया।

"कैसा आधार, चन्दन?" रणमल की धर्मपत्नी का स्वर फूटा।

"आधार यह कि यदि हंसाबाई के कोई पुत्र हुआ तो वह मेवाड़ का स्वामी बनेगा।"

"क्या चूण्डा के रहते यह संभव होगा?" रणमल ने पूछा।

"यह प्रतिज्ञा भगवान एकलिंग की शपथ लेकर स्वयं चूण्डा ने की है। चूण्डा चाहे कैसा भी हो वचन का पक्का है।"

"वचन देने वाला व्यक्ति बदल भी तो सकता है।" रणमल ने कहा।

"भगवान राम के इस वंशज से यह उम्मीद नहीं की जा सकती है कि वह बदल जाएगा। फिर भी मैंने उससे समस्त अनुबन्ध लिखवा लिए हैं।" चन्दन ने अपनी कमर से बंधी रेशमी वस्त्र में लिपटे प्रतिज्ञा पत्र को रणमल के समक्ष प्रस्तुत किया।

प्रतिज्ञा पत्र को रणमल एवं उसकी स्त्री ने कई बार पढ़ा। मन की भावनाओं का ज्वार धीरे – धीरे उतरता जा रहा था। अब एक ही प्रश्न शेष रह गया था कि हंसाबाई को यह सूचना कैसे दी जाए। रणमल ने कुछ क्षणों के मौन के पश्चात् चन्दन से पूछा –

"चन्दन।"

"हाँ, देव।"

"हंसाबाई को यह समाचार कैसे दिया जाए?"

''इसका उपाय भी सोच लिया गया है। आज एक घड़ी दिन चढ़े सिसोदियों की ओर से कुछ ब्राह्मण स्त्रियाँ हवेली में आएगी और वे ही इसकी सूचना हंसाबाई को देगी। यह व्यवस्था भी चूण्डा ने कर दी है।'' चन्दन ने अपनी बात की सफलता पर सन्तोष की सांस ली।

''यह चूण्डा, बहुत आगे की सोच लेता है। उसने इतना तक सोच लिया कि मैं हाँ कर दूंगा और ब्राह्मणियाँ आकर हंसाबाई को तैयार कर देगी। चन्दन ! यदि चूण्डा इस राज्य में रहा तो हम जैसे कई सामन्त भी इसका कुछ नहीं बिगाड़ सकते हैं। देखना यह है कि चूण्डा द्वारा भेजी गई स्त्रियाँ हंसाबाई को कैसे तैयार करती है।'' रणमल ने बात समाप्त की। रात भर छाया रहा – कोहरा धीरे – धीरे छंट गया था। रणमल ने अपनी पत्नी के साथ कक्ष छोड़ दिया।

रात्रि के बाद सूर्योदय होना ही था। हंसाबाई ने अपनी दैनिक चर्चा समाप्त कर पूजा कक्ष में प्रवेश किया। सिंहवाहिनी दुर्गा के चित्र के नीचे एक प्रस्तर प्रतिमा पर उसने पूजा सामग्री अर्पित की। वातायन से कूद कर प्रातःकालीन सूर्य की रश्मियाँ कक्ष में इस्तस्ततः आसन ग्रहण कर चुकी थी। हंसाबाई की एक सहेली ने धीरे से कक्ष में प्रवेश किया और उन्हें कोई सांकेतिक सन्देश दिया। हंसाबाई आसन से उठकर मुड़ी। कक्ष के द्वार से एक तरूण रक्ताभ वाली सुमुखी आती हुई दिखाई दी। हंसाबाई ने आगे बढ़कर आगता का स्वागत किया। हंसाबाई ने सहेली को कक्ष के बाहर ठहरने तथा किसी को भी भीतर न आने देने का आदेश दिया। रणमल द्वारा नियुक्त एवं किसी पारितोषिक की लालसा के स्वप्न बुनती सहेली को मैदान छोड़ कर कक्ष से बाहर निकलने का आदेश मानना पड़ा। आगता ने देवी की प्रतिमा के सामने की ओर बिछे आसन पर अपना स्थान लिया और अपना स्वर मुखरित किया –

''बहिन हंसा ! मेरा नाम राधा है। न मुझे अपने पिता का पता है न माता का। मुझ अनाथ को अन्नपूर्णा मंदिर के पुजारी ने अपनी पुत्री की तरह पाला है, इसलिए मैं स्वयं को एक ब्राह्मण कन्या मानती हूँ। यही मेरा परिचय है।''

''मुझे प्रसन्नता हुई कि आपने आज हवेली में पधारकर मुझे दर्शन देने का अवसर दिया।'' शिष्ट हंसाबाई ने औपचारिकता पूरी की।

''बहिन ! मैं आपसे कुछ विशेष चर्चा करने उपस्थित हुई हूँ। मैंने आपको सूचना भिजवा दी थी। आपने चर्चा हेतु इस देवकक्ष को चुना, इससे मैं अधिक प्रसन्न हूँ।''

"आपकी सूचना आज प्रातः ही मिल गई थी। किसी ब्राह्मण कन्या से मिलने का यह स्थल ही मुझे उपयुक्त लगा। आप अपने आगमन का लक्ष्य प्रकट करने की कृपा करें, क्योंकि मेरी उत्सुकता अपनी सीमा तोड़ रही है।"

"हंसाजी ! एक नीति वाक्य है कि परिवार को बचाने के लिए स्वयं का, गांव को बचाने के लिए परिवार का एवं देश बचाने के लिए गांव का भी परित्याग करना पड़े तो वह कदम उचित कहा जाएगा। क्या आप इससे सहमत हैं?"

"इसमें अहमति का प्रश्न ही कहाँ है। बड़े स्वार्थ अथवा लक्ष्य हेतु छोटे स्वार्थ का त्याग किया ही जाना चाहिए।" हंसाबाई ने सहज प्रतिक्रिया व्यक्त की।

"बहन ! ऐसा ही प्रसंग यदि आपके परिवार के समक्ष उपस्थित हो जाए तो?"

"आप अपना मन्तव्य स्पष्ट करें, देवी।"

"आपके परिवार की स्थिति का संक्षिप्त विवरण जो मैं कहने जा रही हूँ उसमें कोई विसंगति हो तो मुझे समझा दें। आपके पिताश्री चूण्डा जी और भाई रणमलजी के बीच मनमुटाव है। इसी कारण ज्येष्ठ होने पर भी रणमलजी ने मण्डोर दुर्ग छोड़कर मेवाड़ में आश्रय लिया है। आपके भाई को मेवाड़ ने चालीस गाँवों का राजस्व प्राप्त करने का स्वत्व प्रदान कर एक सामन्त के रूप में प्रतिष्ठित किया है।"

"आपका आकलन सही है, राधा जी।"

"सामन्तों और नृपतियों से एक अपेक्षा जन सामान्य की सदा रही है कि वे चरित्रवान हो, न्याय करने में सक्षम हो तथा उनके साथ अनाचार नहीं करे। यदि इस कसौटी पर कोई सामन्त या नृपति खरा नहीं उतरे तो उसे बदला जाता है। ऐसे अनेक उदाहरण मेवाड़ के प्राचीन रावल खानदान एवं वर्तमान के सिसोदिया वंश के मिल जाएंगे। महाराणा हमीर ने भी अपने शासन काल में ऐसे दुराचारी सामन्तों को बदला था। यहाँ तक कि उनके सगे काकाजी के दो पुत्रों को देश निकाला भी दिया गया।"

"आपके इस कथन का क्या यह अर्थ है कि मेरे भाई रणमलजी सामन्त पद के अनुरूप आचरण नहीं कर रहे हैं?" हंसाबाई ने त्वरित प्रतिक्रिया व्यक्त की।

"मैं नहीं चाहती थी कि रणमलजी का नाम अपने कथ्य में लिया जाए, किन्तु जब आपने पूछ ही लिया है तो मैं यह कहना चाहूँगी कि आपके भाई के सहयोगी बलात्कार

एवं हत्याकाण्ड में लिप्त होने के दोषी हैं। यद्यपि यह एक गोपनीय प्रसंग है तथापि मेरे कथन को प्रमाणित किया जाना कठिन नहीं हैं।''

हंसाबाई के चेहरे पर छाई ललाई का रंग क्रमशः सफेदी की ओर बहने लगा तथापि साहस कर वह कह बैठी –

''आपको दी गई जानकारी सत्य नहीं है।''

''अपने स्वजनों में आपके भाई के सहयोगियों की छवि अच्छी बनी रहे, मैं भी यही चाहती हूँ किन्तु तथ्य और सत्य बाहरी आवरण को यथार्थ नहीं मानते हैं।''

''मेरे भाई के अनुचरो के चरित्रहनन की गाथा मेरे समक्ष कहने में आपका क्या स्वार्थ है?'' क्या आप किसी लालच अथवा हमें डरा धमका कर कुछ प्राप्त करने की कामना से यहाँ आई है?''

''मैंने पूर्व में ही कहा कि मैं एक ब्राह्मण की पुत्री हूँ। मेरे धर्म पिता ने मुझमें इतना विवेक अवश्य जमा दिया है कि मैं स्वहित और परहित को देख सकूँ। मुझ में यह बुद्धि भी है कि व्यक्ति के अन्दर की गहराई को परख सकूँ। यदि धन ही मेरा लक्ष्य होता तो मैं आपके भाई के मित्र जैसे किसी सामन्त की अंकशायिनी होकर सबकुछ पा सकती थी। इसलिए आप मेरे बारे में इस देव प्रतिमा के कक्ष में स्वार्थ आधारित सोच से ऊपर उठें, यह निवेदन अवश्य करना चाहती हूँ।''

हंसाबाई पुनः आहत हुई। इस बार उसके अधर सूखते से लगे, फिर भी साहस का प्रदर्शन करती हुई कहने लगी –

''बहिन राधा। मुझे साफ – साफ क्यों नहीं बताती कि आप हमसे क्या चाहती हैं?''

''आपने मुझे बहिन कहा है। इस संबोधन को सदा स्मरण रखना, यह मेरा आग्रह है। यहाँ आने का मेरा अभिप्राय निजी नहीं है, राजनीतिक है।''

''राजनीति तो पुरुषों का काम है, मुझ अबला से छल छिद्र की नीतियों का क्या लेना देना?''

''यह न भूलों हंसाबाईजी, कि पुरुष की समस्त नीतियों की गहराई में कहीं न कहीं कोई स्त्री अवश्य होती है और आप भी अपवाद नहीं है।''

''मैं ! यह क्या कह रही हैं आप?''

"जो कुछ भी मैंने कहा वह उचित है। इस युग की क्षत्राणियों के लिए एक ही कर्तव्य बचा है और वह है आत्म बलिदान? क्या आप स्वयं का बलिदान दे सकेगी?"

"बिना इसकी जानकारी के, कि बलिदान का लक्ष्य क्या है?"

"आपके भाई श्री रणमलजी की मृत्यु अथवा आजन्म कारागार की कोठरी की तुलना में आपका बलिदान उपयुक्त होगा।"

"क्या यह धमकी है।"

"नहीं ! मेरा मात्र अनुरोध है। समझना या न समझना आपका काम है।"

"मुझे बलिदान हेतु क्या कराना होगा?"

"विवाह।"

"किससे"

"सिसोदिया राजवंशी से।"

"यदि वे राजकुमार चूण्डा है, तो मुझे स्वीकार है।"

"इस विवाह से राजकुमार चूण्डा आपके पुत्र होंगे, राजकुमारी जी।"

"यह असंभव है राधाजी ! मैं वृद्धत्व की ओर बढ़ते पूज्य महाराणा श्री लाखा की धर्मपत्नी बनूँ, क्या यही सूचना देने आप यहाँ पधारी हैं?"

"मैं आई नहीं हूँ, भेजी गई हूँ।"

"किससे द्वारा।"

"महाराजकुमार चूण्डा के अनुरोध पर यहाँ आई हूँ।"

"ओह ! बेटा अपने आप की सगाई करना चाहता है। आपका चूण्डाजी से क्या सम्बन्ध है।"

"मैं उनकी प्रजा का एक अंग हूँ ।" कहते हुए राधा के चेहरे पर लज्जाजनक आरूणिकता छा गई।

"प्रजा में से उन्होंने आपको ही क्यों चुना?"

"इसका उत्तर तो वे ही दे सकते हैं, किन्तु आप बताएं कि क्या आपको विवाह प्रस्ताव स्वीकार है? यह भी सुन लें कि महाराज कुमार चूण्डा आपके होने वाले पुत्र को राज्यासन पर स्थापित करेंगे।"

"क्या यह उनका वचन है।"

"सिसोदिया कुल के लोग एकलिंग जी की शपथ खाकर यदि कोई वचन देते हैं तो वह यथार्थ होता है। वैसे उन्होंने अपनी ओर से इस आशय का एक लिखित पत्र भी आपके चारण श्री चन्दन के साथ आपके भाई के पास पहुंचा दिया है।"

"ओह ! तो मेरे भाई भी यह सब कुछ जानते हैं।"

"उन्हें सब कुछ पता है। संभव है आपके भाई को आपके विवाह की सूचना आप तक पहुंचाने में संकोच हो, इसलिए महाराजकुमार चूण्डा ने मुझे आपके पास भेजा है।"

आसमान से धरती पर गिरना किसे कहते हैं, यह आज पहली बार हंसाबाई को अनुभव हुआ। स्वप्न के बुदबुदे किस प्रकार तिरोहित होते हैं, कल्पना और यथार्थ में क्या भेद होता है, नियति के थपेड़े क्या होते है, राजनीति की शतरंगी चालें कैसे खेली जाती है, इन सभी का प्रथम अनुभव हंसाबाई के मन में कड़ुवाहट भर गया।

"राजकुमारी जी ! अब मैं चलती हूँ। चित्तौड़गढ़ दुर्ग पर निवास कर रहे समस्त राठौड़ों की मृत्यु अथवा आपका महाराणा श्री लाखा जी के साथ विवाह, इन दो विकल्पों में से आप किसका चुनाव करती है, इसकी सूचना मुझे चारण के मध्यम से आधे प्रहर के पश्चात् अन्नपूर्णाजी के मंदिर में मिल जानी चाहिए। यदि आप विवाह के विकल्प का वरण करती है तो कल संध्या को आपके विवाह की तिथि निश्चित है। यह भी स्मरण रखना कि आपकी हवेली चारों ओर से सैनिकों से घिरी हुई है। आपको मेरे कथन से कष्ट हुआ उसके लिए क्षमा चाहती हूँ, मैं प्रस्थान कर रही हूँ।"

कटे वृक्ष की भांति हंसाबाई गुजरते हुए तूफान को देखती रही।

7

''आपने यह क्या निर्णय किया, स्वामी।'' मेवाड़ की भावी राजरानी के स्वप्न को भंग हुआ सुनकर राजकुमार चूण्डा की धर्मपत्नी मर्मांतकदुःख से कराह उठी।

''धैर्य से कार्य लो, प्रिये। यह समय पश्चाताप का नहीं अपितु मेरे निर्णय में सहयोग करने का है।'' चूण्डा ने शांतभाव से कहा।

''आपने अपनी न सही, पुत्र कांघल के भविष्य के बारे में तो कुछ सोचा होता। आपका सत्ता से अलग रहने का अर्थ है, आपके वंश को सत्ता से सदा – सदा के लिए विलग करना। आपके निर्णय का प्रभाव हमारी भावी पीढ़ियों को भुगतना पड़ेगा, क्या आपने इस पर भी कभी विचार किया है?'' क्षत्राणी का तेज कुछ ओर बढ़ गया था।

''ऐसा ही निर्णय महाभारत में भीष्म ने लिया था। क्या हमारे आदि पुरुष भगवान राम को पिताश्री की प्रसन्नता हेतु वन गमन नहीं करना पड़ा था? आपका समस्त रूदन सत्ता के स्वाद की मृगमरीचिका को लेकर है। त्याग एवं पितृभक्ति की तुलना में सत्ता कितनी फीकी लगती है, इसका अनुभव करना सीखो, राजपुत्री।'' चूण्डा ने सतही बातों से रानी को समझाना चाहा।

''लोग सत्ता के लिए क्या से क्या कर बैठते हैं और आपने बूढ़े पिताश्री के लिए नई वधु का चयन कर अपने पैरों पर कुल्हाड़ी मार ली है।''

''रानी जी ! शांत होकर मेरे प्रश्नों का उत्तर दें। क्या आप मुझे चाहती हैं?''

''हाँ?''

''किस सीमा तक?''

''अपनी मृत्यु की कीमत पर भी आपसे अलग होना नहीं चाहूँगी ।''

''फिर मैं तो कहीं गया नहीं हूँ। मैं का अर्थ चूण्डा नाम का व्यक्ति है। राजकुमार, राणा का पुत्र, सत्ता का उत्तराधिकारी आदि उसकी उपाधियाँ है। व्यक्ति को इन सांसारिक उपाधियों से अलग देखने का यत्न करो, देवी।''

"आपका पुत्र बड़ा होकर आपके बारे में क्या सोचेगा?"

"वैसा ही, उसे सोचना चाहिए, जैसा मैं अपने पिताश्री के बारे में सोचता हूँ। यह तो संस्कार है, जो हमें अपने आचरण द्वारा बच्चों के समक्ष रखने चाहिए। आपका भावी पीढ़ी के लिए चिन्ता करना व्यर्थ है। उनका भविष्य में स्वयं तय करेंगे। सत्ता के दुष्चक्र में पता नहीं कितने राजवंश अब तक अपना अस्तित्व अतीत में खो चुके हैं। हम स्थाई नहीं है, यह शासन स्थाई नहीं है किन्तु मेरा निर्णय मेरी पीढ़ी के लिए स्थाई रहेगा। मेरे नाम पर चलने वाला चूण्डावत वंश यह सदा याद रखेगा कि उनका आदि पुरुष सत्ता की शतरंज से पिता की प्रसन्नता को अधिक महत्व देता था। मेरे पुत्र कांधल का सिर, लोभ, मोह स्वर्ण, सत्ता जैसे बन्धनों के समक्ष कभी नीचा नहीं होगा। क्या मेरा कथन सत्य नहीं है?"

"आपका कथन सत्य है, किन्तु ...." एक आह भर कर रानी अपने मन पर छाई उदासी को भगाने का यत्न करने लगी।

चूण्डा का स्वर पुनः गूंजा : "देवी ! किन्तु – परन्तु के प्रपंच को छोड़ो। चूण्डा ने आपका हाथ थामा है। वह राजकुमार रहे या सामान्य नागरिक, वह सत्ता के केन्द्र में रहे या सत्ता के एक छोर पर, यह सदा आपका है। सत्ताएँ निर्मित की जाती है और विसर्जित भी की जाती है। आप चूण्डा की भार्या है, सत्ता एवं स्वर्ण की नहीं। आपके लिए सत्य के मार्ग पर चलने वाला चूण्डा अधिक प्रिय है या सत्ता के षडयंत्र में दाँवपेच खेलने वाला चूण्डा।"

रानी जी कुछ क्षणों के लिए मौन हो गई। अहं एवं वृथाभय पति के तर्कों के समक्ष परास्त हो चुका था। वह कुछ कहे, उसके पूर्व ही एक सेविका ने कक्ष में प्रवेश कर महाराणा लाखा और महारानी जी के पधारने की सूचना दी।

"बेटा ! यह क्या कर डाला आपने।" राणा लाखा ने पुत्र के कक्ष में पहली बार प्रवेश करते हुए पूछ लिया।

"आप सामने के आसन पर बिराजें, पिताजी। माताजी आप भी इधर पधार जाँय। आज मेरा सौभाग्य है कि पहली बार आपने यहाँ पधारकर हमें आशीर्वाद दिया।" कह कर चूण्डा एवं उसकी पत्नी ने माता – पिता के चरणों की वंदना की।

"मैंने आपको कई बार कहा कि भावुकता राजनीति में घातक होती है, और आपने उस भावुकता के कारण मुझे संकट में डाल दिया है।"

"संकट किस बात का पिताश्री? राजाओं के कुलों में बहुविवाह तो होता आया है।" चूण्डा ने विनीत भाव से खड़े – खड़े ही उत्तर दिया। महाराणा लाखा का आक्रोश आँखों से टपक रहा था। आसन ग्रहण कर लाखा ने पुत्र और पुत्रवधू को कहा –

"पहले आप दोनों बैठ जाओ और फिर मेरे प्रश्नों का उत्तर दो। प्रश्न इस राज्य के अधिपति का है।" लाखा का अहं पहली बार उजागर हुआ चाहता था।

"आज्ञा करें महाराणा जी।" चूण्डा ने भी अपना पेंतरा बदला।

"आपने मुझे बिना पूछे मेरे विवाह का निर्णय क्यों लिया है?"

"एक राजा को प्रसन्न करना कर्मचारी का कर्तव्य होता है। परसों कुम्हार के विवाह की शोभायात्रा के समय आपको जो कुछ अनुभव हुआ उसका स्पष्ट अर्थ था कि अपके मन में विवाह के प्रति आकर्षण था।"

"किन्तु, अपने विवाह का निर्णय मुझसे बिना पूछे कैसे लिया?" राणा लाखा उत्तर चाहते थे।

"जैसे आपको यदि प्यास लगे और उसे आप व्यक्त नहीं भी करें तथापि हम साथ चलने वालों का कर्तव्य होता है आपके सूखे होठों को देखकर पानी का प्रबन्ध करें। क्या ऐसा करना अनुचित कहा जाएगा?"

"विवाह के लिए हंसाबाई के चुनाव का निर्णय लेने हेतु आपको किसने कहा?" लाखा ने चूण्डा के तर्क को बिना सुने अगला तीर फेंका।

"प्यासे व्यक्ति को पानी कहाँ से पिलाना होता है, इसका निर्णय साथ वाला करता है। भूखे को भोजन कराने वाला व्यक्ति ही भोजन का जुगाड़ करता है। यह उसका विवेक है कि वह भोजन की शुद्धता, पवित्रता एवं सुपाच्यता का ध्यान रखे।" चूण्डा ने निर्भीक भाव से उत्तर दिया।

"राजा के बारे में क्या ऐसा निर्णय लेना उचित कहा जाएगा?" राणा लाखा किंचित उत्तेजना से भर गए।

"राणाजी की प्रसन्नता एवं सम्मान के लिए राज्य के सेवक निर्णय लेने हेतु सक्षम होते हैं।"

"किन्तु ऐसे निर्णय से यदि राजा अप्रसन्न हो जाँय तो?"

"इस हेतु राजकीय सेवकों के लिए दंड प्रक्रिया बनी हुई है।"

"आपने बिना अनुमति के रणमलजी की हवेली पर सैनिकों को क्यों लगाया?" राणा ने विषय बदला।

राज्य ने मुझे महाराज कुमार का पद दिया है। इस पद पर आसीन व्यक्ति छोटी बड़ी सैनिक कार्यवाही के लिए स्वतंत्र होता है। मैंने अपने अधिकारों का प्रयोग किया है, महाराणाजी।"

"किसी सामन्त के साथ ऐसा दुर्व्यवहार किया जाना क्या अपराध की श्रेणी में नहीं आता है?"

"अवश्य ही इसे अपराध कहा जाना चाहिए यदि सामन्त निरपराध हों।"

"अर्थात्, रणमलजी दोषी है।"

"हाँ ! महाराणा जी।" इस बार सास – बहु एवं राणजी चौंक उठे।

"क्या अपराध किया है रणमलजी ने।"

"उनके परिकर हत्या एवं बलात्कार के दोष में लिप्त है किन्तु उस सामन्त के मित्रों का प्रचार – प्रसार राज्यहित में नहीं किया गया है। इन अपराधों को प्रमाणित भी किया जा सकता है, अन्नदाता।"

चूण्डा के आंखों में दृढ़ता का भाव थिरक उठा।

"क्या ऐसे सामन्त के साथ महाराणा का सम्बन्ध स्थिर करना अपराध नहीं है।" राणा ने पुनः तीर चलाया।

"अपराध सामन्त का है, उनकी बहिन का नहीं। सम्बन्ध उनकी बहिन के साथ स्थिर किया है। सामन्त के लोगों द्वारा किए गए अपराध को उसके खानदान पर थोपना उचित नहीं है, अन्नदाता।"

"उत्तराधिकार के पद को छोड़ने का आदेश आपने किससे प्राप्त किया?"

महाराणा ने एक मोर्चे पर अपनी पराजय को छिपाने के लिए दूसरा मोर्चा खोला।

"आदेश पद प्राप्त करने हेतु लिया जाता है अथवा पद प्रदान करने के निमित्त दिया जाता है। पद छोड़ने हेतु राजसेवक स्वतन्त्र होता है, महाराणाजी !" इस बार भी चूण्डा ने दो टूक उत्तर दिया।

"क्या स्वयं को सत्ता से वंचित करने का आपका निर्णय अटल है?"

"जी, पिताश्री ! मैंने इस आशय का एक लिखित पत्र श्री रणमलजी को दे दिया है।"

"यदि हंसाबाई विवाह के लिए मना कर दें तो?" महाराणा ने पुनः वार्ता सूत्र बदला।

"हंसाबाई अपनी स्वीकृति दे चुकी है, अन्नदाता। आज संध्या को आपका विवाह सम्पन्न होना है।" चूण्डा ने उत्तर दिया।

"यदि मैं स्वयं विवाह करने से मना कर दूँ, तो तुम्हारा क्या कदम होगा?"

"मेरा कटा हुआ सिर आपके चरणों में होगा, पिताश्री ।" चूण्डा भाव के आवेश में कह उठा।

"आत्महत्या की धमकी पर मुझे विवाह हेतु विवश करना कहाँ तक उचित है, पुत्र? राणा का स्वर ढ़ीला पड़ गया ।

"मुझे तुमसे यह अपेक्षा नहीं थी पुत्र।" कहकर बहुत देर से नीरस संवाद सुन रही चूण्डा की माता ने पुत्र का सिर अपने वक्ष में दबा दिया। माता और पुत्र की आँखों से गंगा – यमुना बह चली। राणा लाखा और पुत्रवधु भी अपनी डबडबाई आँखों से इधर – उधर ताकने लगे।

समय अपनी लकीरें छोड़ जाता है, जिसे इतिहासकार स्मरण रखने का प्रयास करते हैं। सन् तेरहसौ – चौदह सौ की एक सो वर्षों की समयावधि में चित्तौड़गढ़ दुर्ग ने कई नृपतियों के दर्शन किए थे। सन् तेरहसौ तीन की वर्षा ऋतु की समाप्ति पर चित्तौड़गढ़ के शासक रावल रतनसिंह, भट्ट लक्ष्मणसिंह और उसके सात पुत्रों सहित सहस्त्रों सैनिकों ने चित्तौड़गढ़ के प्रत्येक पत्थर को अपने खून से रंग दिया था।

इसके बाद लगभग दस वर्षों तक दिल्ली सल्तनत द्वारा बनाए गए मेवाड़ के मानचित्र में चित्तौड़गढ़ का नाम वहाँ के शासक अल्लाउद्दीन सुल्तान के पुत्र खिज्रखां के नाम पर खिज्राबाद के रूप में अंकित रहा। सन् तेरहसौ ग्यारह में जालोर के पतन के

पश्चात् वहाँ के राजवंशी सोनगरा चौहानों के प्रमुख मालदेव ने दिल्ली दरबार में अपनी दुम हिलाकर चित्तौड़गढ़ पर अपना अधिकार सन् तेरहसो तेरह में कर दिया। मालदेव और उसके पुत्र जयसिंह एवं बणवीर ने चित्तौड़गढ़ पर सन् तेरह सौ पच्चीस तक अधिकार जमाए रखा।

इसके बाद सिसोदियों का ज्वार एक बार पुनः महाराणा हमीर के नेतृत्व में चित्तौड़गढ़ तक बढ़ आया। हमीर के बाद उसका पुत्र महाराणा खेता चित्तौड़गढ़ का शासक बना। इसे नियति ही कही जाएगी कि महाराणा हमीर ने जिस देवा हाड़ा को बूंदी के राज्यसिंहासन पर स्थापित किया उन्हीं के वंशजों ने हमीर पुत्र खेता की इहलीला समाप्त कर दी। इतिहासकार श्री ओझा के अनुसार सन् 1382 से महाराणा लाखा का शासन चलता है। महाराणा के जीवन काल की संध्या में रणमल का मण्डोर से चित्तौड़ आकर सामन्त के रूप में स्थापित होना महत्वपूर्ण घटना है। रणमल की बहिन हंसाबाई का विवाह महाराणा लाखा के साथ सन् तेरहसो चौरानवे में हुआ था। यद्यपि इतिहास लेखकों में इस तिथि की लेकर मतभेद है तथापि निष्पक्ष लेखक उक्त सन् को ही सही मानते हैं। सन् 1395 में हंसाबाई के गर्भ से मेवाड़ के भावी राणा मोकल ने जन्म लिया, किन्तु शताब्दि का अंत होने तक कुछ काल बाद महाराणा लाखा परलोकवासी हो गए। मृत्यु के पूर्व महाराणा लाखा ने व्यवस्था दी थी कि महाराणा पद मोकल के लिए सुरक्षित रहेगा और राजकुमार चूण्डा मेवाड़ के राज्य का संरक्षक पद संभालेगा। यह व्यवस्था मोकल के राणा बनने पर भी निरन्तर बनी रहने हेतु प्रस्तावित थी। हंसाबाई को, उसके भाई रणमल एवं मेवाड़ के अन्य सामन्तों ने सती होने से रोक दिया था। उनकी आवश्यकता को मेवाड़ के महाराणा मोकल की देखभाल हेतु अनिवार्य माना गया।

अपने अंतिम दशक में चौदहवी शती, मेवाड़ के समक्ष कई प्रश्न छोड़ गई। एक और राठौड़ों के मन में मेवाड़ के संरक्षक चूण्डा के प्रति प्रतिशोध और घृणा के भाव थे तो दूसरी और रणमल का प्रयत्न मेवाड़ को राठौड़ राज्य के रूप में बदलने में लगा हुआ था। मेवाड़ का शक्ति केन्द्र चित्तौड़गढ कुचक्रों का क्रीड़ा स्थल बन गया था। राजमाता हंसाबाई यद्यपि ऊपर – ऊपर से राज्य के ''भाँजगड़'' प्रमुख राव चूण्डा के प्रति भक्ति और श्रद्धा का प्रदर्शन करती थी किन्तु वह उस दिन को अब भी नहीं भूल पाई थी जब चूण्डा के मदभरे प्रयत्नों ने उसे बूढ़े राणा के गले में फांद दिया था किन्तु ये सब अतीत की बातें है।

मेवाड़ का कोटड़ा, फलासिया, झाड़ोल, पई का क्षेत्र आज भी वनों से ढ़ंका हुआ है। यह भाग भीलों की बस्तियों का आदि स्थान रहा है। सदियों से पई और पानरवा के भील मेवाड़ के शासकों के सहायक होते आए हैं। महाराणा हमीर के चित्तौड़गढ को हस्तगत करने के प्रयत्नों में इन्हीं भीलों ने सहयोग दिया था। हमीर ने अपने शासनकाल में चित्तौड़गढ दुर्ग के एक भाग में प्रमुख भील परिवारों को बसाया था। इस बस्ती का प्रमुख था पई गांव का गमेती। गमेती शब्द भीलों के मुखिया के लिए प्रयुक्त होता है। गमेती अपने बल और प्रभाव के कारण चित्तौड़गढ की एक बुर्ज का रक्षक नियुक्त था। उसकी बेटी भी अपने पिता को गई थी। जंगलों में जाकर शूकरों का शिकार करना उसका प्रमुख मनोरंजन था।

एक दिन राज्य के प्रबन्धक चूण्डा को गुप्तचरों ने सूचित किया कि रामा गमेती और उसकी पुत्री की हत्या कर दी गई। यही नहीं, चित्तौड़गढ में निवास कर रहे भील परिवारों ने दुर्ग छोड़ने का भी निश्चय कर लिया था।

राजधानी में इस घटना को लेकर जन आक्रोश फैल गया था। राजमाता हंसाबाई, उनके भाई रणमल एवं राज्य के आश्रय में रह रहे राठौड़ों को चूण्डा के विरूद्ध अपनी भड़ास निकालने का अवसर मिल गया। रणमल ने इस अवसर को सत्ता प्राप्त करने का एक बहाना समझा। उसने उन सामन्तों को रिश्वत एवं कई प्रकार के प्रलोभनों के स्वर्ग दिखाकर अपनी और मिलाना आरम्भ कर दिया, जो चूण्डा की अनुशासनप्रियता एवं सत्यप्रियता के कारण शासन से नाराज थे। इस गुट के समर्थकों ने जनमानस में यह प्रचार आरम्भ कर दिया कि – राज्य के संरक्षक चूण्डा ने ही इन हत्याओं का आयोजन किया था, तथा उसका अगला लक्ष्य महाराणा मोकल होगा ताकि मेवाड़ का राज्य चूण्डा दबा सके। हंसाबाई को श्री रणमल ने इसी प्रकार के समाचार भेजे। समस्त विरोधियों ने इन हत्याओं के विरोध में आम दरबार बुलाने का आग्रह किया। आम दरबार का अर्थ है सामान्य जनता के समक्ष समस्त कार्यवाही सम्पन्न करना। चूण्डा नहीं चाहता था कि हत्या जैसे सामान्य प्रश्न को इतना तूल दिया जाए कि उस पर आम दरबार जैसा कदम उठाना पड़े। चूण्डा ने आम दरबार की स्वीकृति नहीं दी। हंसाबाई स्वयं महाराणा की संरक्षक थी। सत्ता का मद इस युवा विधवा के सिर पर चढ़ कर बोलने लगा था। राजहठ और उसमें भी त्रियाहठ का संयोग कई अनर्थों को जन्म दे गया।

आम दरबार की पूर्व संध्या पर हंसाबाई ने अपने आवास पर राज्य के प्रबन्धक चूण्डा को आमंत्रित किया। चूण्डा ने शिष्टाचारवश राजमाता के प्रासाद में जाना उचित समझा। राजमाता के कक्ष में पहुंच कर चूण्डा ने महाराणा मोकल को तथा हंसाबाई को अभिवादन निवेदन किया। आसन ग्रहण करने के पश्चात् हंसाबाई पूछ बैठी –

''राजधानी में हिंसा की घटनाएँ बढ़ रही है। इसे शासन प्रबंध के लिए शुभ नहीं कहा जा सकता है।''

''इसे शुभ कौन कहेगा, राजमाता जी।'' चूण्डा द्वारा माता शब्द का प्रयोग युवा हंसाबाई को एक व्यंग्य जैसा लगता था।

''सुना है, सदियों से हमारा साथ देने वाले भील लोग अपने परिवारों के साथ पलायन कर रहे हैं।'' हंसाबाई ने भूमिका बांधी।

''यह भी आपने सही सुना है, राजमाता जी।'' चूण्डा ने दृढ़तापूर्वक सत्य को स्वीकारा।

''राज्य के प्रबन्धक के नाते आपने भी तो इस विषय पर कुछ सोचा होगा?''

''इस विषय पर गंभीरतापूर्वक सोच लिया गया है।''

''क्या हत्यारों का पता लग गया है?''

''हम इस दिशा में आगे बढ़ रहे हैं माताजी। एक दो दिनों में सारा रहस्य सामने आ जाएगा।'' चूण्डा ने सतर्कतापूर्वक उत्तर दिया।

''संदेह की सुई किस ओर संकेत करती है।'' राजमाता ने अपनी सत्ता को प्रकट करने का साहस किया।

''आपको इसकी जानकारी देना राज्यहित में नहीं है, राजमाता जी।'' चूण्डा ने राजमाता के बढ़ते प्रवाह को मानो विराम दे दिया।

''क्या राज्यहित महाराणा की संरक्षिका से भी बढ़कर है?'' सत्ता का मद पुनः बुदबुदया।''महाराणा जी की देखभाल करना एक महत्वपूर्ण कार्य है। इसे आप कुशलतापूर्वक कर रही है। आपके इस कार्य की सभी प्रशंसा करते हैं किन्तु महाराणा की संरक्षिका का पद राज्य का पर्याय नहीं हैं।''

"क्या महाराणा को भी घटनाओं की जानकारी करने का अधिकार नहीं है।" राजमाता कुछ बौखला सी गई थी।

"पूज्य मोकलजी आपके पुत्र हैं, उन्हें आप मोकल नाम से पुकारें, इस पर मुझे कोई आपत्ति नहीं किन्तु आपने अपने वाक्य में "महाराणा को जानने का अधिकार नहीं है" कहकर महाराणा पद के प्रति असम्मान का भाव प्रकट किया है। महाराणा शब्द के साथ किसी आदर सूचक शब्द का प्रयोग भी वांछनीय था।" चूण्डा ने राजमाता के भाषागत दोष की ओर संकेत कर दिया।

"क्षमा करना चूण्डा जी, यदि प्रसंगवश आपके समक्ष मेरे द्वारा बिना आदर के महाराणा शब्द का संबोधन निकल गया किन्तु आपको समस्त धटनाओं की सूचना तो महाराणा जी को देनी चाहिए।"

"आपका कथन उचित है माताजी, किन्तु जब तक महाराणा जी स्वयं शासन नहीं संभालते, मेरा कर्तव्य है कि मैं राजकीय महत्व की सूचनाएँ उन्हें सोच समझ कर दूँ।"

"तो क्या आप स्वयं महाराणा जी की शक्तियों का प्रयोग करने में स्वतंत्र है।"

"जी नहीं, माता जी! स्वर्गीय श्री लाखाजी की व्यवस्था के अनुसार समस्त गोपनीयता को जानने का अधिकार राज्य की मंत्री परिषद को है। जब भी महाराणा जी चाहेंगे उन्हें ही सर्वप्रथम सूचित किया जायेगा।" चूण्डा अधिक सतर्क हो गया।

"क्या राज्य की राजमाता को भी राज्य की व्यवस्था संबंधी परामर्श करने का अधिकार नहीं है?"

"आप अपने सुझाव दे सकती है किन्तु उन्हें मानना न मानना राज्य के व्यवस्थापक का कार्य है। यह भी आवश्यक नहीं कि राज्य की सभी सूचनाएँ आपको दी जाएँ।" चूण्डा के तर्कों के आगे राजमाता पराजय अनुभव करने लगी।

"यदि कल की राज्य सभा में मैं भी अपना कोई प्रतिवाद प्रस्तुत करूँ तो आपको कोई कष्ट नहीं होना चाहिए।" हंसाबाई ने प्रतिक्रिया जानना चाहा।

"राजवंश के प्रतिवादों को मंत्री परिषद के समक्ष प्रस्तुत करने की परंपरा है, राजमाताजी।"

"क्या राजवंशी आम जनता का अंग नहीं है?"

''है, माताजी।''

''क्या मैं आम नागरिक के नाते अपना परिवाद आम दरबार में प्रस्तुत नहीं कर सकती हूँ?''

''यह अधिकार आपको नहीं है माताजी। आपका भरण पोषण राज्य की ओर से होता है। आपको राज्य ने सुविधाएँ दी है अतः आपके विशिष्ठ दायित्व भी हैं। यही कारण है कि मेवाड़ की परम्परा में राजवंशियेां के परिवाद स्वयं महाराणा जी अथवा मंत्री परिषद् के सामने ही रखे जाते हैं। उन परिवादों पर आम जनता के सामने चर्चा नहीं की जाती है।'' चूण्डा ने विनीत भाव से अपनी बात कही।

''मैं अपना मार्ग स्वयं तय करूंगी, व्यवस्थापक जी। आपको यहाँ बुलाकर कष्ट दिया, इस हेतु क्षमाप्रार्थी हूँ।'' राजमाता ने उठकर चूण्डा जी को विदा दी।

दुर्ग पर बसे हजारों लोगों में रामा गमेती एवं उसकी बेटी की हत्या के प्रसंग को लेकर कई प्रकार की चर्चाएं होने लगी। गोमुख कुंड पर प्रातःकालीन स्नान कर रहे सेठ शालिग्राम के मुँह से निकल ही गया – ''राम, राम ! क्या कलयुग आ गया है। राज्य के सहायक भीलों के सरदार की भी हत्या हो गई तो अब हमारा रक्षक कौन है?''

''तुम्हारी रक्षा, तुम्हारी तिजोरी करेगी सेठजी।'' भंगेड़ी पंडित गौरीशंकर ने सेठजी को उत्तर दिया।

''अरे पंडित तुम तो मांग कर भी खा लोगे किन्तु हमें तो मेहनत करनी पड़ती है। हमारे लंबे चौड़े व्यापार में सुरक्षा तो पहली वस्तु है।'' सेठ ने अपना विषय नहीं बदला।

''अरे उस गमेती की लड़की बदचलन रही होगी।'' लंबी नाक वाले दुबले पतले सियारामदास ने गोमुख मुंड पर स्थित मंदिर के बाहर चन्दन घिसते हुए वार्ता की अग्नि में अपनी ओर से आहुति दी।

''युवराज चूण्डा, अब राज्य के प्रबन्धक हैं। उन्हें भी तो अपनी नींद तोड़नी चाहिए।'' वहीं स्नान कर रहे एक राठौड़ युवक ने अपनी ओर से बात फेंकी।

''वे तो देवता है। आई सत्ता को लात मार कर अपने भाई को राज्य देना सामान्य बात नहीं है। वे इस प्रश्न पर कुछ न कुछ तो सोच ही रहे होंगे।'' सेठजी ने अपनी तोंद पर झूल रही जनेऊ को संभाला।

''हो सकता है उन्होंने हत्यारों को पकड़ ही लिया हो।'' सियारामदास ने दुबारा मुंह खोला।

''अरे चिंता क्यों करता है सेठ। आज आम दरबार लगेगा। हत्या के विषय में कोई न कोई उत्तर तो चूण्डा जी देंगे ही।'' पंडित गौरीशंकर ने कहकर एक डुबकी लगाई।

कुल मिलाकर चित्तौड़गढ़ दुर्ग में इन हत्याओं की सर्वत्र चर्चा थी। सामन्तों का एक गुट इन हत्याओं के कारणों को नहीं खोज पाने का समस्त दायित्व चूण्डा पर डाल रहा था। जो लोग तटस्थ थे वे चूण्डा के अभूतपूर्व सत्ता त्याग से इतने अभिभूत थे कि चूण्डा के विरूद्ध कुछ भी सुनना पसन्द नहीं करते थे। हत्याओं के विषय में कुछ लोग ऐसे भी थे जो मौन थे।

अगला दिन प्रदोष का दिन था। दोपहर के कुछ पूर्व सभी दरबारी अपनी – अपनी निर्धारित वेशभूषा धारण कर अपने आसन पर व्यवस्थित हो गए। दरबार का आयोजन कोई डेढ़ सौ साथ लम्बे और पचास हाथ चौड़े पक्के बरामदे में था। सभा के मध्य में गवाक्ष में महाराणा मोकल सुशोभित थे। बरामदे के नीचे के खुले मैदान में सैंकड़ों नागरिक प्रातःकाल से ही आ डटे थे। बरामदे के पीछे की ओर लगी जालियों के पीछे सामन्तों और अधिकारियों के घर की बहू बेटियों ने अपना स्थान ग्रहण कर लिया था।

जैसे ही सभा की कार्यवाही आरम्भ हुई, एक सामन्त ने एक पत्र महाराणा जी की सेवामें प्रस्तुत किया। महामात्य स्वयं असमंजस में पड़ गए। कार्य सूची में उस पत्र का नामोनिशान नहीं था। महाराणा के समीपवर्ती आसन पर बैठे राज्य के प्रमुख प्रबन्धक चूण्डा महाराज को भी आश्चर्य हुआ किन्तु राज सिंहासन के दूसरी ओर बैठे महाराणा मोकल के मामा रणमल के चेहरे पर मंदमंद मुस्कान खेल रही थी। चूण्डा को समझते देर नहीं लगी कि महाराणा को दिया गया पत्र किसी षडयंत्र का एक अंग है और उसके सूत्रधार रणमल के अलावा और कोई हो नहीं सकते थे। महाराणा जी की आज्ञा से वह पत्र महामात्य के माध्यम से चूण्डाजी की सेवामें प्रस्तुत किया गया। चूण्डा ने पत्र पढ़ा और उसे अपनी जेब में रख दिया। जिस सामन्त ने वह पत्र दिया, वह सभा के बीच खड़ा होकर महाराणा के खुले दरबार में न्याय की गुहार करने लगा। महाराणा की आज्ञा प्राप्त कर अभिभावक चूण्डा अपने आसन से खड़े होकर कहने लगे –

"आज की सभा समाप्त होने के पूर्व सामन्त महोदय की ओर से दिए गए पत्र के प्रति न्याय होगा। इस पत्र को कार्य सूची के अन्त में रखा जाएगा।"

"सबसे पहले इसी पत्र पर विचार होना चाहिए।" इस बार रणमल ने सामन्त का साथ दिया।

"आपको मेवाड़ की परंपरा के प्रति यदि निष्ठा है तो यह स्मरण होना चाहिए कि इस सभा का उद्देश्य पूरा करने हेतु आज की बैठक की कार्य सूची निर्धारित है। लोक महत्व के किसी आवश्यक प्रसंग पर जो कि किसी सामन्त द्वारा तत्काल उठाया जाता है, कार्यसूची के समस्त बिन्दुओं पर विचार करने के पश्चात् ध्यान दिया जाता है। मैं रणमल जी से अनुरोध करूंगा कि सभा समाप्ति के अन्त तक सामन्तों की परम्परा के अनुरूप धैर्य का व्यवहार करें।"

चूण्डा के नपे तुले शब्दों में प्रसंग को दबाकर कार्य सूची के प्रकरणों पर विचार आरम्भ करने हेतु महामात्य को संकेत किया।

"सर्वप्रथम मैं माननीय न्यायविद् तिल्हभट्ट से निवेदन करना चाहूँगा कि बहुचर्चित गमेती एवं उसकी लड़की की हत्या के प्रसंग पर विचार आरम्भ करें। आज की इस सभा का मुख्य उद्देश्य भी महाराणा जी के शासन से न्याय दिलाया जाना है।" महामात्य विभूतिपाल ने सभा का ध्यान पंडित भट्ट की ओर मोड़ दिया।

"मैं सर्वप्रथम स्वर्गीय गमेती के पाटवी पुत्र से कुछ प्रश्न पूछना चाहता हूँ।" तिल्हभट्ट ने दुःखी परिवार के प्रमुख को भीड़ में से बुलवाया। सारी सभा में सन्नाटा छा गया।

"आपके पिताश्री और बहिन की मृत्यु कब हुई?"

"पन्द्रह दिन पूर्व, अन्नदाता।"

"क्या आपको इन हत्याओं को लेकर किसी पर संदेह है?"

"जी नहीं।"

"क्या आपके दो सौ के लगभग भील परिवार इस हत्या के प्रसंग को लेकर दुर्ग छोड़ने की तैयारी में है?"

"जी हाँ। जहाँ हमारा जीवन ही सुरक्षित नहीं हो, वहाँ रहकर हमें क्या मिलेगा?"

''आपके परिवार के लोगों ने पन्द्रह दिनों तक दुर्ग छोड़ने का निर्णय क्यों स्थगित किया?''

''इसलिए कि महाराज चूण्डा ने हमें दुर्ग नहीं छोड़ने हेतु समझाया। यहाँ तक कि उन्होंने अपने ज्येष्ठ पुत्र कांधल को मुझे सौंप दिया और आज्ञा दी कि यदि पन्द्रह दिनों में हत्यारों का पता लगाने में शासन असफल रहे तो उन्हें अधिकार होगा कि वे राजवंश के इस दीपक की हत्या कर दें।'' गमेती के ज्येष्ठ पुत्र का प्रत्येक शब्द आम नागरिकों में उत्साह का संचार करने लगा। किसी नागरिक ने एक कोने से जोर दे कर पुकारा।'' एकलिंगनाथ की.......जय।''

रणमल के चेहरे पर हवाईयाँ उड़ने लगी। सभी ओर से चूण्डा के इस कदम का स्वागत किया जाने लगा। सामन्तों को भी पहली बार पता लगा कि राज्य का प्रबन्धक अवसर आने पर अपने पुत्र तक को व्यवस्थाओं के नाम पर दाँव पर लगा सकता था।

''राजवैद्य जी आप बताएँ कि शवों के परीक्षण के पश्चात् हत्या के प्रकार के बारे में आपकी क्या धारणा बनती है?'' तिल्हभट्ट ने संकेत से राज्य वैद्य को अपने स्थान पर खड़े होकर बोलने हेतु निवेदन किया।

''मेरी राय में कन्या के साथ बलात्कार हुआ था तथा गमेती के शरीर पर कई घाव थे। लगता है वह किसी तलवार चलाने वाले के हाथों मारा गया।'' वैद्यजी ने संक्षिप्त जानकारी दी।

''तलारक्ष महोदय बताएं कि उन्हें जो कुछ जानकारी गुप्तचरों द्वारा मिली है; उसके आधार पर उक्त हत्याकाण्ड किस प्रकार घटित हुआ?'' तिल्हभट्ट की पैंनी दृष्टि सभा के चारों ओर खड़ी भीड़ एवं सभा में बैठे सामन्तों की ओर बारी – बारी से घूम रही थी।

''वैद्यजी का यह कथन सत्य है कि कन्या की हत्या बलात्कार के पश्चात की गई है। मृत कन्या के शरीर सौष्ठव को होकर एक युवक लालायित हो गया। हत्या के दिन बाप और बेटी दुर्ग के पूर्व की ओर के मैदानों में बकरियाँ चरा रहे थे। अवसर देखकर एक युवक ने कन्या के साथ बलात्कार किया और जब वह कन्या चिल्लाने लगी तक उसका गला दबा दिया गया। इस बीच लड़की का पिता अपनी लाठी लेकर आ गया किन्तु वह युवक तलवारबाजी में होशियार था। उसने उस प्रौढ़ गमेती को सदा के लिए सुला दिया।''

''क्या आप उस युवक का पता लगा चुके हैं?'' तिल्हभट्ट की दृढ़ आँखे तलारक्ष को मानो पी जाना चाहती थी।

''मैंने उस युवक की जानकारी राज्य के संरक्षक महाराज चूण्डा जी को दे दी है।'' तलारक्ष कुछ घबराने लगा।

''आपने उस युवक को सही रूप से पहचाना है, इसका आधार क्या है?''

''दोनों शवों के पास एक जूती मिली है तथा हाथ में पहनने का एक कड़ा भी मिला है। जूतियाँ मेवाड़ की बनी हुई प्रतीत नहीं होती है और कड़े पर भी किसी अन्य राज्य का राज्यचिन्ह अंकित है। उस नाप की जूतियाँ दुर्ग पर निवास कर रहे किसी सामन्त की हवेली पर कार्य कर रहे एक युवक के नाप की है।''

तलारक्ष के चेहरे पर पसीनें की बूँदे उभर आई। आम नागरिक हत्यारे का नाम जानना चाहता था। चारों और कानाफूसी होने लगी।

''महाराज ! यह राज्यहित में नहीं होगा कि हत्यारे का नाम बताया जाए। बस मुझे बताया गया है कि हत्यारा बैठक आरम्भ होने के ठीक बाद पकड़ लिया गया। उसे कारावास में भिजवा दिया गया है।'' इस बार तिल्हभट्ट के शब्दों ने रणमल के चेहरे के रंग को विवर्ण कर दिया। वह यकायक काँप उठा। दरबार के पीछे बैठी महिलाओं में भी कानाफूसी आरंभ हो गई। हंसाबाई को यह समस्त जानकारी सुनकर बहुत ही कष्ट हुआ। चूण्डा के प्रति उसका द्वेषभाव राज्यहित को देखकर कुछ कम हुआ।

इतने में महाराज चूण्डा अपने आसन पर से उठ खड़े हुए। उन्होंने सभी श्रोताओं, दरबारियों एवं उपस्थित लोगों से शांत रहने की प्रार्थना की ओर अपनी जेब से पत्र निकालकर उसे एक बार सरसरी निगाह से देखकर पुनः जेब में रख दिया।

सारा समाज चूण्डा की ओर देखने लगा। चूण्डा ने अपनी गंभीर वाणी में कहना जारी किया –

''मैं इस पत्र के बारे में कुछ निवेदन करना चाहता हूँ। आप सभी जानते हैं कि मेरे पूज्य पिताश्री का देहावसान हुए कई वर्ष बीत चुके है। इन वर्षों की सेवा का परिणाम यह रहा है कि राज्य की राजमाता माननीया हंसाबाई ने यह आवेदन – पत्र महाराणा मोकल जी के दरबार में प्रस्तुत कर यह चाहा है कि उनके लिए तथा उनके पुत्र मोकल के लिए किसी जागीर का प्रबन्ध किया जाए। उन्हें भय है कि मैं धीरे – धीरे शासन पर

अपना अधिकार जमा रहा हूँ। उनके अनुसार मैं स्वयं महाराणा पद पर आसीन होना चाहता हूँ। मैं महाराणा मोकल जी की हत्या करना चाहता हूँ। गमेती की हत्या पर मैंने हत्या करने का पूर्वाभ्यास भी कर लिया है।'' चूण्डा का गला भर आया। चारों ओर से ''यह असत्य है'', ''ये आरोप मिथ्या है।'' की आवाजें आने लगी। कुछ रूककर चूण्डा ने कहना जारी रखा –

''भगवान एकलिंगनाथ का यह सेवक, कभी भी देशद्रोह करेगा, महाराणाजी की हत्या करेगा, ऐसा मैं सोच भी नहीं सकता हूँ। राजमाता यह देश छोड़कर अन्यत्र जाना चाहती है। ये ही सारी बातें इस पत्र में लिखी हैं।'' चूण्डा ने वह पत्र पुनः आदरसहित महाराणा जी को प्रणाम कर महामात्य को सौप दिया। कई सिसोदिया सामन्त क्रोध में उठ खड़े हुए। चूण्डा का छोटा भाई राघवदेव क्रोध में लाल हो गया और कह उठा –

''यह षड़यंत्र है। सिसोदियों के राज्य में ये विषबीज बाहरी लोगों द्वारा बोए गए हैं। राजमाता जी को भ्रमित किया जा रहा है। मैं चाहूँगा कि आदरणीय तिल्हभट्टजी इस पत्र के संदर्भ का पता लगाए।''

''भाई राघव ! मेरा आदेश है कि आप अपने स्थान पर बैठे। मैं महाराणा जी की इस सभा में भगवान एकलिंगनाथ के इस राज्य की धूल की सौंगन्ध खाकर कहता हूँ कि मैं स्वयं और मेरे वंशज कभी भी मेवाड़ से द्रोह नहीं करेंगे। जब भी मेरी सेवाओं की आवश्यकता हो मुझे स्मरण कर लेना। चूण्डा धरती के इस टुकड़े के लिए भगवान एकलिंग जी के दीवान के लिए और यहाँ के सामान्यजन के लिए बलिदान की किसी भी सीमा तक जा सकेगा। राजमाता जी एवं महाराणा जी को अन्यत्र कहीं भी जाने की आवश्यकता नहीं है।

मेरा स्वाभिमान भी मुझे बार – बार कचोट रहा है कि उस देश को छोड़ दूँ जहाँ मुझे शंका की दृष्टि से देखा जाता हो। जब राज्य के स्वामी ही मुझ पर संदेह करते हो तो फिर मेरा यहाँ रहने का क्या अर्थ है? इसके पूर्व कि मैं अपना पद छोडूँ दो महत्वपूर्ण घोषणाएं करना चाहता हूँ।'' चूण्डा कुछ क्षणों के लिए रूके। जनता में ''चूण्डाजी पद मत छोड़ो'' का आग्रह मुखरित होने लगा। कई सिसोदिया सामन्त एक साथ उठ खड़े हुए। महाराणा जी ने स्वयं कहा ''भैया मुझे आपकी आवश्यकता है। आप पद नहीं छोड़ें।'' किन्तु चूण्डा टस से मस नहीं हुआ। उसने सभी को शान्त रहकर अपनी बात सुनने का निवेदन किया। ''मित्रों ! आपके स्नेह के प्रति मैं सदा आभारी रहूँगा। मेवाड़ राज्य के

अभिभावक राघवदेव रहेंगे। जो भी अधिकार मुझे है, वे अब राघवदेव के पास रहेंगे। राघवदेव जी पर विशेष जिम्मेदारी रहेगी कि वे महाराणा जी के शरीर की रक्षा का उचित प्रबन्ध करें, क्योंकि मुझे लगता है कि विदेशी दांव – पेंच कुछ भी कर सकते है।

"मेरा दूसरा निवेदन है कि मैं यह पद आज से राघवदेव को सौंपकर कल प्रातःकाल सूर्योदय के समय दुर्ग छोड़ दूंगा। मुझे मेवाड़ से प्रेम है। जहाँ भी रहूँगा मेवाड़ के प्रति जागरूक रहूँगा। जब भी आवश्यकता पड़े, आप बुला लेना। मेरा रक्त इस माटी के काम आए और भगवान एकलिंगनाथ के दीवान के काम आए तो मुझे संतोष होगा। मैं अपनी माँ मेवाड़ धरती को छोड़ रहा हूँ। यदि एकलिंगनाथ के इस देश में मैंने अपने स्वार्थ के लिए कुछ भी किया हो वे मुझे इसका दण्ड मिले। आपके स्नेह के लिए एक बार पुनः आभार।" चूण्डा रो पड़े। आंखों से निकलती धाराओं के वेग को वे नहीं रोक पाए। बाहर खड़े लोगों की आंखे डबडबा आई। दरबार के पीछे बैठी महिलाओं में सिसकियाँ उमड़ आई। हंसाबाई भी रो पड़ी। रणमल जड़वत बैठा ही रह गया। सिसोदिया सामन्त कसमसा उठे। गमेती परिवार के प्रमुख ने चूण्डा के पाँव पकड़ लिए। चूण्डा को धन्य कहने के कई नारे जनता में गूँज उठे।

चूण्डा ने अपने पुत्र की उम्र के महाराणा के पैर छुए। राजकीय मुद्रा और राजकीय उत्तरीय उनके चरणों में रखा और महाराणा के आसन के पार्श्वभाग में रखे शिवलिंग को हाथ जोड़कर प्रणाम किया। सभी सामन्तों और नगारिकों की ओर अभिवादन भरे हाथ उठाकर चूण्डा मन्द गति से भीड़ से बाहर आने लगे। कई लोगों ने उनके पैर छुए। कई वृद्धों ने उन्हें छाती से लगा लिया। कई युवकों की मुट्टियाँ तन गई। किन्तु सब कुछ शान्त, क्लांत एवं स्वाभाविक गति से घटित हो गया।

चित्तौड़गढ दुर्ग पर जहाँ अन्नपूर्णा का मंदिर बना है, वहीं माताजी का कुण्ड भी बना है। इस कुण्ड का प्रयोग इन दिनों में भी पीने के पानी से स्त्रोत के रूप में किया जाता है। इस कुण्ड के दक्षिण की ओर संकरा मार्ग है। मार्ग के एक ओर कुण्ड है, तो दूसरी ओर आवासीय भवन । इन भवनों में ही एक विशाल भवन राधा ने बना लिया था। भवन निर्माण में अन्नपूर्णा के वृद्ध पुजारी के अतिरिक्त राजकीय कोष से भी पर्याप्त धन दिया गया था। जिस दिन इस अनाथ लड़की ने हंसाबाई को राणा लाखा से विवाह करने हेतु विवश किया, उसी दिन से महाराज कुंवर चूण्डा की दृष्टि में राधा कठिन कार्यों के संपादन में कुशल महिला के रूप में गिनी जाने लगी। दृढ़ चरित्रवाली यह लावण्यमयी

महिला राजप्रासादों की महिलाओं में भी अपना स्थान बना चुकी थी। जो हंसाबाई कभी इस महिला से घृणा करती थी, वह भी राधा की सत्यवादिता एवं व्यवहार की शुद्धता से बहुत प्रभावित थी। रणमल इस महिला को महाराज कुमार चूण्डा की रखेल समझता था। यही कारण था कि राधा की गतिविधियों पर दृष्टि रखने के लिए भिखारी के वेश में एक मरियल जैसा व्यक्ति माताजी के कुण्ड पर स्थित महादेव मंदिर की सीढ़ियों पर पड़ा रहता था। आज का दिन विशेष महत्व का था। राधा स्वयं भी आज राजदरबार के महिला कक्ष में उपस्थित थी। उसने भी आज की बैठक के उतार चढ़ाव को प्रत्यक्ष देखा था। चूण्डा की स्वार्थहीनता, दायित्वबोध और माटी के प्रति लगाव के कई दृश्य राधा के मन पर अंकित हो गए।

यद्यपि उसका लगाव चूण्डा के प्रति अत्यधिक प्रगाढ़ या तथापि उसने कभी भी अपनी सीमा का अतिक्रमण नहीं किया था। बचपन से ही पुजारी जी ने योवन के अवगुणों का पाठ उसे याद करा दिया था। वह चूण्डा से मिलती थी, कभी – कभी सामन्तों पर दृष्टि रखने का कार्य भी वह सम्पन्न करती थी तथापि उसके चरित्र के बारे में सिवाय रणमल के किसी को कोई सन्देह नहीं था।

दोपहर पश्चात् वह बहुत अधिक थकान का अनुभव कर रही थी। आज की घटनाओं से उसका फिर फटा जा रहा था। एक सेविका ने कुछ समय तक उसके सिर पर चंदन का लेप भी किया परन्तु उसका कुछ भी असर राधा पर नहीं हुआ। उसकी गोद ली हुई बच्ची ने भी अपनी माँ की सेवा की, पर दर्द कम नहीं हुआ। किसी तरह संध्या हुई। न चाहते हुए भी वह उठी, कपड़े बदल कर अन्नपूर्णा मंदिर की ओर निरूद्देश्य भाव से मात्र दर्शन की अभिलाषा से चल पड़ी। कुछ – कुछ अन्धेरा भी हो चला था। पास के सूने मार्ग से चलकर वह मंदिर में पहुँची। देवी के मंदिर में इक्का दुक्का दर्शनार्थी ही आने लगा था। दर्शन के उपरान्त मंदिर के पीछे कीओर बिल्वपत्र के पेड़ के पास बने चबूतरे पर वह बैठना ही चाहती थी कि वह डर कर एक दो कदम पीछे हट गई। उसे लगा जैसे वहां कोई दो महिलाएं पहले से ही बैठी है। उसने ध्यानपूर्वक उनकी ओर घूरना आरंभ किया ही था कि उन में से एक ने कहा ''क्या हुआ'' राधा? डर क्यों गई?''

''अरे आप। रानी जी आप यहाँ क्या कर रही है? महाराज कुमार चूण्डा की पत्नी को राधा रानी जी के नाम से ही संबोधित करती थी। आपसी अभिवादन के बाद वे दोनों वहीं चबूतरे पर बैठ गई। दूसरी स्त्री संभवतया सेविका थी, वह उठकर मंदिर की ओर से आ

रहे परिक्रमा पथ की ओर चली गई ताकि इन दोनों को आपसी वार्ता का समय मिल सके।

"आज इस समय आपको यहाँ देखकर कुछ आश्चर्य सा हुआ।" राधा ने रानी जी से पूछा।

"बहिन राधा ! कल प्रातःकाल हमें मेवाड़ से प्रस्थान करना है। हम कहाँ जाएगें, इसका कुछ भी पता नहीं है। इसलिए सोचा कि भगवती अन्नपूर्णा के दर्शन कर आऊँ।" रानी जी ने अपने आने का कारण स्पष्ट किया।

"मंदिर की प्रतिमा तो सामने है। आप यहां मंदिर के पीछे पेड़ के अंधेरे मे क्यों बैठ गई?"

"यों ही राधा ! परिक्रमा करते – करते यही विचार आया कि यहीं बैठी रहूँ। अब हमारा जीवन तो अंधेरे का ही जीवन बनेगा। सोचा, अभी से थोड़ा अभ्यास कर लूँ।"

"अंधेरे का जीवन कैसा, रानी जी? जब महाराज चूण्डा जी आपके साथ है, तब अंधेरा कैसा?"

"आज तक हम चित्तौड़गढ़ की राजनीति में अपना वर्चस्व बनाए हुए थे। कल से हमें आश्रय के लिए स्थान खोजना पड़ेगा।" रानी जी ने एक निःश्वास छोड़ा।

"राजनीति डोलर का चक्र है। इसमें बैठने वाला कभी आकाश की ऊंचाइयाँ छूता है तो कभी धरती पर भी आ जाता है। इसलिए यह तो होता ही रहता है। मुख्य बात तो यह है कि अपनी समरसता नहीं खोई जाय।" राधा ने निरपेक्ष भाव से कहा।

"राजनीति पुरुषों का काम है। उसके निर्णयों के अनुसार ही हमें चलना होता है। आज तक हम राज्य के महाप्रबन्धक थे और कल से दर – दर के भिखारी होंगे।" रानी जी का गला भर्रा गया।

"सभी स्थितियों में हमें मनुष्यता नहीं खोनी चाहिए रानी जी। सुख दुख तो जीवन में लगे ही रहते हैं। वैसे भी आप अकेली कहाँ है? यहीं नहीं आपकी प्रजा भी आपके साथ है।" राधा ने सूचना दी।

"कैसी प्रजा, राधा?"

"दुर्ग के भीलों ने निर्णय लिया है कि वे सभी कल आपके साथ ही दुर्ग छोड़ देंगे। जिस दुर्ग पर वीरों, हितैषियों एवं सेवकों का सम्मान नहीं होता, वहां रहना उन्हें ठीक नहीं लगा। जब उनके स्वामी चूण्डा ही बाहर जा रहे हैं तो उनका यहां रहना उचित नहीं है।"

"एक व्यक्ति के जाने – आने से क्या अन्तर आता है। बाकी लोग तो यहीं हैं।" रानी जी ने ओर जानना चाहा।

"एक बात पूछूँ रानी जी।"

"हाँ, कहो राधा।"

"व्यवस्थाएँ, सिद्धान्त एवं नीतियाँ प्रमुख होती है या व्यक्ति?" राधा भावनाओं के स्तर पर कुछ ऊपर उठने लगी।

"सिद्धान्त प्रमुख है, राधा ! व्यक्ति का क्या है, वह तो आता है और चला जाता है। ये नीतियाँ ही है जो समाज को बांधे रहती है।"

"मैं इससे सहमत नहीं हूँ। नीतियों का अथवा सिद्धान्तों का पालन करने वाला व्यक्ति होता है। यदि केवल शास्त्र ही आधार हो और कोई शास्त्री नहीं हो तो उन पुस्तकों का क्या अर्थ है? संविधान में अच्छी – अच्छी बातें लिखी हो तो क्या उसे समाज चलेगा? समाज को प्रेरित करने वाला व्यक्ति होता है जो इन नीतियों पर चलता है और अपने प्रयत्नों से समाज को चलाता है।"

"मैं कुछ समझी नहीं राधा?"

"वेद अपौरूषेय है पर है तो पुस्तकें ही। जब उन पुस्तकों को पढ़ने वाला ही न हो, उन पर चलने वाला ही न हो तो उन पुस्तकों और कूड़ाकरकट में क्या भेद होता है? इसी प्रकार मेवाड़ का अपना विधान है, परम्पराएं है, व्यवस्थाएं है। जब इन व्यवस्थाओं को सर्व शीर्ष पर बैठा व्यक्ति ही तोड़ता है, उन रीतियों – नीतियों को अपने स्वार्थ में नियोजित करता है तो फिर संविधान का क्या अर्थ है? महाराज चूण्डा ने स्वयं उस विधान को अपने चरित्र में उतारा है। वे आम लोगों में सुरक्षा की भावना पैदा करने हेतु आपके सुपुत्र श्री कांधल तक की बलि – चढ़ाने को उद्यत हो गए। इसलिए विश्वास व्यक्ति पर होता है, संविधान की पुस्तक पर नहीं। पुस्तकें व्यक्तियों के अभाव में प्रभाशून्य

होती है चाहे वे वेद, कुरान या भगवद्गीता ही क्यों न हो। भीलों का निर्णय मुझे तो अच्छा ही लगा।'' राधा कुछ उत्तेजित हो गई थी।

''फिर भी राधा, हम पर अब यह आरोप लगेगा कि हम चित्तौड़गढ़ के निवासियों को भड़का रहे हैं।'' रानी जी की व्यथा भी कम नहीं थी।

''लोग क्या कहेंगे, इसकी चिन्ता करके आप अपना मार्ग मत सोचिए। हम लोगों ने तो भगवान राम, कृष्ण और ऋषि महर्षियों को भी नहीं छोड़ा। यदि राजवंशियों के सोच का आधार सामान्य जन का कल्याण है, तो उन्हें आंख बन्दकर आगे बढ़ना चाहिए। अपने मन में बैठे ईश्वर को साक्षी रखकर अपना मार्ग तय करना चाहिए। मेवाड़ के लोगों के मन में जिस गहराई तक महाराज चूण्डा उतर गए हैं, वहाँ से उन्हें निकाल पाना विदेशियों के लिए असंभव होगा। बाहरी षड़यंत्रों से व्यवस्थाएं तो बिगाड़ी जा सकती है परन्तु आन्तरिक स्नेह को कम नहीं किया जा सकता हे।'' ब्राह्मण पुत्री का तेज इस अंधेरे में भी आभासित होने लगा था।

''चलने के पहले एक जिम्मेदारी देना चाहूँगी, राधा।''

''आज्ञा करें, रानी जी।''

मेरे देवर राघवदेव जी यहीं रहेंगे। बाहरी व्यवस्थाएं तो वे संभालेंगे किन्तु राजप्रासाद के अंतःपुर पर दृष्टि रखना तुम्हारा काम होगा। वैसे दुर्ग छोड़ने के पूर्व आपकी सुरक्षा, आपके सम्मान एवं आपको दी जाने वाली आर्थिक सहायता का पक्का प्रबन्ध हम करके जाएंगे। अब यह राघव जी आपके भरोसे है, राधा।'' रानी जी उठ खड़ी हुई। मंदिर में संध्या आरती के घड़ियाल बज उठे। भक्तों की भीड़ भी बढ़ चली थी। राधा भी चुपचाप एक ओर अंधेरे में विलीन हो गई।

8

अधेड़ उम्र की गौर वर्णा हंसाबाई के मन में रह – रह कर यह बात कई बार काटे जाने पर भी बढ़ने में आतुर ''एमती'' (बेशर्म) की लता की भांति उमड़ आती थी कि उसका विवाह राणा लाखा से कराया गया था। राठौड़ रक्त अपने अपमान को भूलना चाहते हुए भी नहीं भूल पा रहा था। यद्यपि उसका पुत्र महाराणा बन गया था, चूण्डा ने निर्धारित जीवन जीना स्वीकार कर लिया था, तथापि पुरानी चोट यदा कदा बादलों भरे आकाश के मौसम को देखकर शरीर के अस्थि समूह में पीड़ा के रूप में उग आती थी। वह अपने भाई, भतीजों एवं राठौड़ों से आवृत्त रहने में अपने पुत्र का भला सोचा करती थी। उसे चित्तौड़ के सिसोदिया खानदान में ही त्रुटियां दिखाई देती थी।

दूसरी ओर रणमल राजनीति में अपने दांव खेल रहा था। मण्डोर राज्य से निष्कासित यह बलिष्ठ राजनेता राठौड़ वंश हेतु मेवाड़ में अपना स्थाई आधार खड़ा कर रहा था। उसका प्रयत्न था कि येन केन प्रकारेण अन्न, जल, फल एवं सुरक्षा प्रदायिनी अवरावली की उपत्यकाओं को अपने पाँवों के नीचे दबा कर रखा जाए। वह अच्छी प्रकार समझ चुका था कि सत्ता को अपने स्वार्थ में कैसे भुनाया जा सकता है।

सत्ता की शतरंज पर अपने दांव पेंच का निर्णय वह स्वयं करता था। एक दिन संध्या के समय वह राजप्रासाद पहुंच गया। यह बात कोई नई नहीं थी। वह समझता था कि राजसिंहासन पर बैठा उसका भाणेज एक रबड़ की मुहर से अधिक कुछ भी हैसियत नहीं रखता था। असली सत्ता की चाबियाँ मेवाड़ की राजमाता हंसाबाई के पास थी।

पौष माह की ठण्ड चित्तौड़गढ़ के लिए ''खालड़ी कोस'' अर्थात् चमड़ी को विदीर्ण करने के रूप में प्रसिद्ध थी। जगह – जगह सैनिक एवं नागरिक अपने घरों, बुर्जों अथवा पहरों के स्थान पर आग जला कर अपने शरीर को गरम रखने का यत्न कर रहे थे। राव रणमल ने इस ठिठुरती संध्या में राजप्रासाद में प्रवेश किया।

''कैसे आना हुआ, भैया?'' आपकी कुशलक्षेम के बाद राजमाता हंसाबाई ने पूछा।

''बिना कारण के भी तो आ सकता हूँ, बहिन। राणा जी कहाँ है।'' रणमल ने कहा।

''क्यों कोई विशेष बात?''

''विशेष तो कुछ नहीं, परन्तु कुछ चिन्ता की बात अवश्य है।''

''यदि गोपनीय नहीं हो तो बताओ, भैया।'' हंसाबाई को अन्य क्षत्रियों की अपेक्षा अपने रक्तवंशियों पर अधिक भरोसा था। एक निःश्वास छोड़कर रणमल ने कहना आरंभ किया – ''चूण्डा कहने को तो देश छोड़कर चला गया। मेवाड़ की प्रजा में भीष्म पितामह जैसी पदवी का प्रभाव भी छोड़ गया। किन्तु उसकी छाँया इस दुर्ग पर सदा मंडराती रहती है। उसका भाई राघवदेव, उसके सहयोगी चाचा और मेरा अजमेर के समीप बसे श्रीनगर का ठाकुर महिपाल पँवार और चूण्डा की रखेल राधा आदि सभी गहरे षड़यंत्र में लगे हैं। वे नहीं चाहते है कि मोकल इस पद पर बना रहे। उनका लक्ष्य है, चूण्डा को बुलाकर महाराणा पद पर स्थापित करना। इस लक्ष्य को प्राप्त करने हेतु वे लोग बैठकें कर रहे हैं।'' रणमल को अपनी वार्ता बीच में ही रोक देनी पड़ी। ड्यौढ़ी पर खड़ी दासी ने महाराणा मोकल के आगमन की सूचना दी। रणमल ने हाथ जोड़ कर राणा का स्वागत किया।

लोहे की मजबूत शलाखाओं से निर्मित सिगड़ी पर कोयले धधक रहे थे। आग के चारों ओर कुछ ऊंचाई पर बिछे मखमली गद्दों पर राजमाता, रणमल एवं मोकल बैठ गए। दासी ने केसर, कस्तूरी एवं सूखे मेवों से मिश्रित दूध के प्याले तीनों के समक्ष रख दिए।

''मामा जी आप इस ठण्डी संध्या में यहाँ कैसे पधारे? वैसे आपका यह समय तो आपकी हवेली पर ही मित्रों के साथ व्यतीत होता है।'' महाराणा का संकेत रणमल की संध्याकालीन सुरा और सुन्दरियों की महफिलों की ओर था।

''यदि तुम्हारे कल्याण की कामना मन में नहीं होती तो अभी नहीं आता, भागिनेय।

''क्या बात हुई मामा जी?''

''राणा जी आप मुझे स्पष्टवादिता के लिए क्षमा करना, किन्तु सत्य का उद्घाटन आवश्यक है।'' रणमल भूमिका बांधने लगा।

''आप जैसा है वैसा कहें, मामा जी।''

''आपके दरबार में चाचा और मेरा दो भाई है। वे रिश्ते में आपके काका होते हैं। यद्यपि वे आपके दादा जी की खाती जाति की रखेल से पैदा हुए हैं, तथापि स्वयंको राणा जी के असली काका से भी बढ़कर मानते हैं। उनकी उम्र कोई पैंतालीस पचास के

आस – पास है, परन्तु उनके मौज शौक के तेवर युवकों जैसे है। मेवाड़ की कई युवतियों को उन्होंने फंसा रखा है। इन दोनों काकाओं का साथ दे रहा है, महीपसिंह। अजमेर का यह ठाकुर भी इनका सहायक है। कुल मिला कर प्रजा में आपके वंश की बदनामी हो रही है।''

''क्या आपने इसकी सूचना बड़े भैया को दी?'' राणा जी पूछ बैठे।

''यही तो कष्ट है राणा जी। आप अपना शासन सूत्र बड़े भैया राघवदेव के हाथों में सौंप कर निश्चिंत है और इस चाचा मंडली को राघवदेव का प्रश्रय प्राप्त है। उन्हीं की शह पर ये लोग आतंक फैला रहे हैं।''

''मामा जी, आपके मुझ पर कई उपकार है, तथापि राघवदेव जी को राघवदेव के नाम से कहा जाना आपके मुंह को शोभा नहीं देता है। वे मेरे पूज्य है। उनका नाम सम्मान के साथ लिया जाना चाहिए। आपने अभी चाचा मण्डली के बारे में जो कुछ कहा, यदि वह सत्य है तो हम न्याय करेंगे। आप उनके प्रमाण प्रस्तुत कीजिए और मैं न्याय दिलवाऊंगा।'' मोकल ने पद के अनुरूप अपना कथ्य निवेदन किया।

''और वह चूण्डा जी की रखेल।'' रणमल ने वार्ता का दूसरा मोर्चा खोला।

''आप शायद राधा देवी जी के बारे में कह रहे हैं?'' महाराणा ने पूछा।

''हाँ । राणा जी। मेरे गुप्तचरों ने बताया कि उसके आवास पर इन दिनों राघवदेव जी की आवाजाही बढ़ गई है।''

''अर्थात् उसने चूण्डा जी के स्थान पर राघवदेव जी को अपना लिया है, यही कहना चाहते हैं, आप।'' महाराणा ने कड़ी दृष्टि से रणमल को घूरा। रणमल इसका क्या उत्तर दें। वह इस दृष्टि का अर्थ कुछ भी नहीं समझ पाया। फिर भी कुछ तो कहना ही था।

''इसके प्रमाण तो मेरे पास नहीं है कि उसने राघवदेव जी को अपना लिया है अथवा नहीं किन्तु राज्य के कई सिसोदिए सामन्त और प्रतिष्ठित लोग उसके आवास पर आते जाते है, अतः सन्देह तो होता ही है।''

''आपके चेहरे से लगता है, आप ये सब इधर – उधर की बातें कर रहे हैं। असली बात बताइए। यह कहिए कि आज की महफिल छोड़कर आप यहाँ केवल कानाफूसी के

लिए तो नहीं आए है?'' महाराणा मोकल भी अपने मामा जी की आदतों से परिचित हो गया था।

इतने में मोकल का बड़ा पुत्र कुंभा, जो अभी मात्र दो वर्ष का ही था, दौड़कर आया और हंसाबाई की गोद में बैठ गया।

''भैया जो कुछ भी कहना चाहते हो, स्पष्ट कह दो।'' हंसाबाई ने कुंभा को अपनी शाल से ढंकते हुए कहा।

''बात यह है कि मेरे पूज्य पिताजी का देहावसान हो गया। उन्होंने मण्डोर का राज्य मेरे भाई कान्हा को दे दिया। कान्हा भी लगभग पाँच वर्ष बाद चल बसा। कान्हा के बाद शासन मेरे एक ओर छोटे भाई सत्ता के हाथ में आ गया। सत्ता स्वयं राज्य प्राप्त करने के बाद अत्यधिक पीने लग गया है। राज्य के सामान्य कामकाज को देखना भी उसके लिए कठिन है, अतः सम्पूर्ण शासन का भार मेरे सबसे छोटे भाई रणवीरसिंह पर आ गया है। रणवीर अपनी क्षमता एवं तत्परता से समस्त जिम्मेदारियों का निर्वहन कर रहा है तथापि परिवार में शांति नहीं है। सत्ता के बेटे नरबद को यह भ्रम हो गया है कि कालान्तर में रणवीर अपने भाई सत्ता को समाप्त कर शासन सूत्र को अपने हाथ में ले लेगा। इसलिए नरबद ने मण्डोर में बखेड़ा पैदा कर दिया है।'' ''रणमल एक ही साँस में अपने घर की सम्पूर्ण कथा कह गया।

''यह तो उचित नहीं हो रहा है भैया? भाई – भतीजों का आपस में टकराना शुभ नहीं है। एक और इस मेवाड़ की ओर देखो। चूण्डा जी ने अपने भाई के लिए सत्ता छोड़ दी और आपके उकसाने के कारण उन्होंने देश भी छोड़ दिया।'' हंसाबाई ने अपने पिता के घर की फूट पर असन्तोष प्रकट किया।

''आप चूण्डा जी का नाम नहीं लों, बहिन। जितना बखेड़ा इन दिनों चित्तौड़गढ़ में हो रहा है, उसका एक मात्र सूत्रधार माण्डू राज्य में बैठे चूण्डा जी है। राघवदेव जी तो उनके निर्देशों की ही पालना कर रहे हैं। राधादेवी और सिसोदियों की गुप्त बैठकों के आयोजन में चूण्डा जी की ही अप्रत्यक्ष भूमिका है।'' रणमल ने राधा जी के संबंध में कान भरने की दृष्टि से निवेदन किया।

"आप विषयान्तर हो गए, मामा जी। आप यह चाहते है कि राधा देवी को गिरफ्तार कर लूँ और राघवदेव जी को सत्ता च्युत कर दूँ या समस्त सिसोदियों की जागीर छीन लूँ।" मोकल का क्षात्र तेज चमक उठा।

"नहीं अन्नदाता ! मेरा यह अभिप्राय नहीं था। मैं तो केवल यह चाहता था कि आप चाचा मण्डली से सतर्क रहे। ऐसा नहीं हो कि वे आप पर "चूक" (घात, आक्रमण) करे।" रणमल मोकल के तेवर के समक्ष कुछ झुक गया।

"आपकी पारिवारिक कथा को मैं पूरा किए देता हूँ। रणवीर जी मामाजी, चित्तौड़गढ़ आ गए है। वे कल ही आपके यहाँ आ गए थे और आपने मुझे खबर नहीं दी। वे आए है, आपसे सैनिक सहायता लेने । वे चाहते हैं कि मेवाड़ की सेना के बल पर नरबद और सत्ताजी को शासन से हटाया जाय और आपको शासन सूत्र सौंप दिए जाए। शायद आप इस समय सैनिक सहायता की याचना करने ही अपनी बहिन के पास आए है।" मोकल ने रही सही कथा पूरी की।

"बेटा। तेरे मामा जी के तुझ पर कई उपकार है। उन्हें इस तरह नहीं कहना चाहिए।" हंसाबाई ने भाई का पक्ष लिया।

"माँ ! इस राज्य की सेना को भेजने, न भेजने का अधिकार तो राघवदेव जी को है।" जब आपका विवाह मेरे पिताश्री के साथ हुआ था, तब यह तय हुआ था कि "भांजगड़ (शासन व्यवस्था) का काम चूण्डा जी देखेंगे। चूण्डा जी यहाँ नहीं है, वे अपने कार्य की जिम्मेदारी राघवदेव जी को सौंप गए है। अतः मामा जी को चाहिए कि वे सेना के लिए राघवदेव जी से संपर्क करे। यदि उन्होंने मना कर दिया तो चित्तौड़गढ़ की सेना कहीं नहीं जाएगी।" मोकल ने वास्तविकता प्रकट की।

"पर, अन्नदाता। इसमें हर्ज क्या है। लगभग एक हजार राठौड़ मेरे साथ है। पाँच हजार जवान यदि मेरे साथ और आ जाय तो मण्डोर जीतना आसान हो जाएगा।" रणमल ने अपनी माँग स्पष्ट की।

"मामा जी। हमारे राज्य की यह नीति है कि जब तक राज्य को कोई लाभ होने की आशा नहीं हो, तब तक हम अपनी सेना क्षत्रियों के आपसी झगड़ों में नहीं झोंकते हैं। इस पर निर्णय करने का काम राज्य का मंत्रीमण्डल देखेगा।" महाराणा मोकल उठ खड़े हुए। बालक कुंभा दादी जी की गोद में सो गया था। एक दासी ने कक्ष में प्रवेश कर

कुंभा को गोद से उठाया ओर कक्ष से बाहर चली गई। राजमाता ने मोकल के कंधे पर हाथ रखकर समझाया।

"बेटा ! मण्डोर भी तुम्हारा ननिहाल है। वह भी तुम्हारा ही घर है। तुम्हारे मामा परिवार के लोग आपस में झगड़ते रहे और हम यहाँ चुपचाप बैठे रहे, तो लोग हमें क्या कहेंगे। तुम्हारे जैसा समर्थ व्यक्ति ही यूं निरपेक्ष हो जाएगा तो कैसे चलेगा? मेरा पुनः आग्रह है कि मेरे भाई को तुम कोई आश्वासन अवश्य दे दो, ताकि ये अपनी तैयारी कर सके।"

"मैं प्रयत्न करूंगा, माँ।" कहते हुए महाराणा मोकल ने कक्ष छोड़ दिया।

"मैं भी चलूँ, बहिन।" रणमल ने अपनी शाल संभालते हुए कहा।"

भैया ! रणवीर कल ही आ गया और आपने मोकल को खबर ही नहीं दीं। हमारी सहायता का यह अर्थ तो नहीं है कि आप राणा जी से सामान्य शिष्टाचार ही छोड़ दें। वैसे भी आपकी चित्तौड़गढ़ में उपस्थिति कई लोगों को ठीक नहीं लग रही है। आपको भी अपने कदम सोच समझ कर बढ़ाना चाहिए। यहाँ के सामन्तों से बिगाड़ करके आप अपनी स्थिति कमजोर ही करेंगे।" हंसाबाई ने अपने बड़े भाई को समझाया।

"मैं आपकी सलाह पर विचार करूँगां।" कहता हुआ रणमल भी कक्ष छोड़ गया। अंगीठी की आग मद्धिम पड़ चुकी थी।

9

चित्तौड़गढ़ से उत्तर दिशा की ओर एक गांव है नगरी। यह वही नगरी है जो माध्यमिका नगरी के नाम से अतीत में प्रसिद्ध थी। चित्तौड़गढ़ से नगरी की दूरी कोई दो कोस होगी। नगरी से आगे एक मार्ग बस्सी, गाँव की ओर जाता था। इस राजमार्ग से पूर्व दिशा की ओर अरावली श्रेणी का एक भाग समानान्तर फैला हुआ है। एक और ऊंचे पर्वतों की अविखंडित श्रेणी और दूसरी ओर बेड़च का बहाव। इन दोनों के बीच से गुजरता है चित्तौड़गढ़ – नगरी – बस्सी राजमार्ग। नगरी से कोई दो कोस दूर आंवलहेड़ा गाँव है। आँवलहेड़ा उन दिनों घने जंगलों के बीच बसा हुआ था। यही से एक मार्ग दलाजी का खेड़ा नामक आधुनिक बस्ती से गुजरता हुआ पूर्व की ओर पहाड़ों में जाता है। यह मार्ग इस पर्वत श्रेणी से निकलने वाली एक नदी (जिसे नाला कहना अधिक युक्तिसंगत होगा) के साथ – साथ घने वन में पगडंडी के रूप में चला जाता है। बैलगाड़ी भी इस मार्ग से आगे नहीं जा सकती है। इस पर्वतीय मार्ग का आरंभ नदी द्वारा किए गए एक विशाल पर्वतीय कटाव के सपीप से होता है। आधुनिक भूगोलवेत्ताओं के लिए खड़ी चट्टानों के मोड़ों को समझाने का यह एक रोमांचक उदाहरण है। चट्टानों के मोड़, बीच – बीच में घुस आए लावा प्रवाह एवं भिन्न जाति की परतों के अतिक्रमण यहाँ स्पष्ट दिखाई देते हैं। कोई सौ – डेड़ सौ फिट के सीधे किनारे वाले इस पर्वतीय मोड़ के बाद पगडंडी लगभग एक कोस आगे जाकर एक प्रपात के समीप समाप्त हो जाती है। कोई पन्द्रह बीस हाथ ऊंचाई से एक प्रपात वर्ष भर गिरता रहता है। इस अक्षय कुंड के समीप पहाड़ी के एक कोने में एक शिवमंदिर अति प्राचीन काल से बना हुआ है।

चित्तौड़गढ़ से महाराणा मोकल की अनुमति प्राप्त कर राज्य के प्रमुख सामन्त, राघवदेवजी के नेतृत्व में शिकार करने हेतु इस पर्वतीय प्रपात के पास जमा हुए।

प्रपात का स्थान सभी राजवंशियों के रात्रि विश्राम हेतु निर्धारित था। शिकार के लिए इस नाले के ऊपरी भाग में फैली पर्वत श्रेणियों के बीच की चौड़ी घाटी को निर्धारित किया गया। भोजन बनाने वालों के छोटे से समूह के साथ हाथियों को छोड़कर शेष शिकारी दल के सैंकड़ों लोग जिन्हें शोर मचाकर शेरों को मचान की ओर लाना था, घाटियों में बिखर गए। प्रत्येक व्यक्ति अस्त्र – शस्त्रों से सुसज्जित होकर अपने – अपने

गन्तव्य की ओर चला गया। शिकार का अर्थ था, पाँच सात दिनों का वन भ्रमण, जीवों की हत्या, मधु – माँस और आसव का प्रयोग। आमोद – प्रमोद हेतु गायकों एवं नर्तकियों का दल भी साथ गया था। इस बहुचर्चित शिकार के आयोजन में महाराणा मोकल भी आना चाहते थे किन्तु हंसाबाई और रणमल जी ने उन्हें मना कर दिया। उन्हें भय था कि राघवदेव के संरक्षण में पनप रही चाचा मंडली कहीं महाराणा मोकल की हत्या नहीं कर दें। अपनी माँ एवं मामा के चंगुल में फँसा महाराणा मोकल सब कुछ समझते हुए भी स्वतन्त्र निर्णय नहीं कर पाता था।

मेवाड़ के इस घने वन प्रांत में चित्तौड़गढ़ से आए हुए सैंकड़ों लोग अपने – अपने दलों में आग लगाकर उसके चारों ओर पड़े – पड़े रात बिता रहे थे। शृंगालों की हुँआ – हुँआ, सिंह की हुँकार, भालुओं की किट – किट एवं शिकारी कुत्तों की भौं – भौं से सारा वातावरण भयप्रद था। ऐसे अवसर पर पता नहीं कहाँ से साधुओं का एक दल धीरे – धीरे इस घाटी में प्रवेश कर गया। घाटी के मोड़ पर खड़े पहरेदारों ने उस मण्डली को रोकना चाहा पर साधुओं के दुराग्रह के कारण पहरे पर खड़े जवानों को हट जाना पड़ा। साधुओं के मुँह से क्या कुछ अनर्गल निकल जाए, यह भय पहरेदारों को सताता रहा होगा। एक समझदारी पहरेदारों ने अवश्य की कि उन में से एक ने भाग कर राघवदेव को यह खबर दे दी। राघवदेव का आवास पाँच सात पेड़ों पर बने हुए मचान पर था। मचान से नीचे उतरने हेतु रस्सियों की सीढ़ियाँ लगी थी। प्रत्येक सामन्त का अपना – अपना मचान बना था। मचानों के नीचे या पास में सेवक लोग आग जलाकर पड़े थे।

साधुओं की मंडली प्रपात के समीप स्थित शिवालय में पहुँच गई।

मंदिर में सोए सेवकगण वहाँ से भाग छूटे। साधुओं का प्रभाव उस युग में अत्यधिक था। इस मण्डली का नेतृत्व एक युवा सन्यासी कर रहा था। गले में रूद्राक्षों की माला, भुजाओं एवं मस्तक पर भी रूद्राक्षों का आवरण, हाथ में लंबा चिमटा और त्रिशूल, कंधे से डोरी से बंधा हुआ खप्पर, लाल – लाल बड़ी आँखें, ओजस्वी चेहरा और लगभग तीस पैंतीस वर्ष की आयु का यह साधु अपना आसन मंदिर में डालकर बैठ गया। साथ आए आठ अन्य साधुओं ने भी उसका अनुकरण कर अपने – अपने आसन बिछा दिए। मंदिर छोटा था, अतः कुछ लोगों ने मंदिर के बाहर बने चबूतरे पर अपने डेरे – डंडे जमा लिए।

लगभग अर्द्धरात्रि की यह घटना थी। साधुओं के प्रमुख ने पास ही आग जलाकर पड़े हुए शिकार – कर्मियों में से एक को बुलवाया और उससे पूछताछ आरंभ की।

"तुम लोग जंगल की शांति भंग करने वाले लोग कौन हो?"

"महाराज ! हम सभी चित्तौड़गढ़ के निवासी है। कल से ही यहाँ शिकार करने के निमित्त पड़े हुए है।" सेवक ने डरते – डरते उत्तर दिया।

"तुम्हारे साथ क्या कोई राजा आया हुआ है ?"

"राणा जी तो नहीं पधारे, परन्तु उनके भाई राघवदेव जी अवश्य आए है। राज्य के और भी कई सामन्त आए हुए है?"

"कहाँ है तुम्हारे राघवदेव जी?"

"जी, वे पास ही मचान पर विश्राम कर रहे हैं।"

"जाओ और उन्हें जगाकर कहो कि एक बाबा उनसे मिलना चाहता है।"

"महाराज ! हमारे स्वामी कुछ समय पहले ही मचान पर गए हैं। उन्हें नींद आती ही होगी। क्या उन्हें जगाना ठीक रहेगा?" सेवक ने निवेदन किया।

"अरे मूर्ख ! साधु की बात को उचित या अनुचित कहता है? कहना, बाबा चण्ड आए है।" साधु ने फटकार लगाई।

"अच्छी बात है बाबा ! जाता हूँ।" धार्मिक आस्था से दबा हुआ वह सेवक चला गया।

सेवक ने मचान के पास जल रही आग के चारों ओर पड़े सेवकों में से जाग रहे एक व्यक्ति के कान में बाबा के आने की सूचना दी। न चाहते हुए भी वह व्यक्ति उठकर मचान के पास गया। नीचे से उसने हल्की सी आवाज लगाई। मचान के एक कोने पर नंगी तलवार लिए बैठे पहरेदार ने संदेश स्वीकार किया और भीतर जाकर राघवदेव जी को समाचार सुनाए। बाबा चंड का नाम सुनकर राघवदेव जी पर मानो बिजली का असर हुआ। यकायक उठकर उन्होंने पूछा – "बाबा कहाँ है?"

"अन्नदाता वे प्रपात के पास वाले शिवमंदिर में है।"

"उन्हें आदर के साथ यहाँ ले आओ। मैं यही प्रतीक्षा कर रहा हूँ। सेवक तुरन्त मंदिर की ओर भागा। सन्यासी तैयार बैठा था। वह सेवक के साथ हो लिया। लोहे की सांकल से बंधे शिकारी कुत्ते त्रिशूलधारी बाबा को देखकर भौ – भौ करने लगे। राघवदेव स्वयं रस्सीवाली सीढ़ी से नीचे उत्तर आए। उन्होंने आगे बढ़कर सन्यासी जी का अभिवादन कर स्वागत किया। दोनों मचान पर चढ़ गए। राघवदेव ने पहरेदारों के दल को मचान से नीचे जाने का संकेत दिया।

"मार्ग में कोई असुविधा तो नहीं हुई।" राघवदेव ने पूछा।

"जी नहीं, काकाश्री।" सन्यासी ने विनम्रतापूर्वक कहा।

"पूज्यभैया चूण्डाजी का स्वास्थ्य कैसा है?"

"वे पूर्ण स्वस्थ है, पर उनका मन मेवाड़ में अटका रहता है।" सन्यासी ने वार्ता को दिशा दी।

"यह तो सत्य है, वत्स। यहाँ, मैं भैया की अनुपस्थिति का अनुभव हर क्षण करता रहता हूँ। राठौड़ों के प्रपंच दिन रात बढ़ते जा रहे हैं। वैसे कुछ दिनों से शांति है। इसीलिए चित्तौड़ छोड़कर यहाँ आ सका हूँ।" राघवदेव ने कहा।

"महाराणा जी नहीं आए।" सन्यासी बने चूण्डा पुत्र काँधल ने कहा।

"उन्हें राजामाता की स्वीकृति नहीं मिली। रणमल जी मण्डोर जाते – जाते मोकल को कहीं भी बाहर जाने से मना कर गए।"

"रणमल जी अभी मण्डोर क्यों चले गए?"

"तुम्हे सूचना तो भेज दी गई थी। राजमाता की जिद्द और महाराणा जी के आदेश के कारण रणमल जी अपने साथ पाँच हजार सैनिकों को लेकर मण्डोर चले गए है। उन्होंने मेवाड़ की सेना की सहायता के बल पर अपने भाई सत्ता को सत्ताच्युत कर लिया है, और स्वयं मण्डोर के राजा बन गए है। वे इन दिनों मण्डोर और नागोर में रह रहे विरोधियों का सफाया कर रहे हैं और इधर उनके भाई रणवीर एवं राजमाता हंसाबाई शासन की पीढ़ियों से सेवा कर रहे भले लोगों को विचित्र – विचित्र लांछन लगाकर हटा रहे हैं। यदि यही क्रम जारी रहा तो एक दिन मण्डोर के साथ – साथ मेवाड़ भी रणमल

की जूतियों के नीचे होगा। क्या भैया चूण्डा जी हमसे इतने पराए हो गए कि वे हमारी सुध ही नहीं लेते हैं?''

''ऐसी बात नहीं है काका जी। मैंने उन्हें कई अवसरों पर मेवाड़ की गाथाएँ सुनकर रोते हुए देखा है। आप द्वारा भेजे गए गुप्तचर जब भी उनके पास पहुंचते हैं वे उनसे गले मिलते हैं। उनके घोड़ों की जीण पर लगी धूल को उठाकर अपने मस्तक पर तिलक की भांति लगा देते हैं। एक बार जब मैंने इसका कारण पूछा तो वे रोते हुए कहने लगे ''काँधल''। इस मिट्टी में कोई न कोई कण तो मेवाड़ का होगा ही। अपने देश की माटी तो दूर रही, मेवाड़ की ओर से यदि ठण्डी हवा का झोंका भी आता है तो मैं यह समझता हूँ कि वह मेरी धरती का आँचल छूकर आया है। चारण, भाट एवं राव जब भी उन्हें मेवाड़ के समाचार देते हैं, वे सब कुछ लुटाने को तैयार हो जाते हैं। उन्हें आपसे बहुत स्नेह है। उन्होने कई बार कहा कि हम तो माण्डू में जागीर भोग रहे हैं और हमारा भाई राघव अकेला संघर्ष कर रहा है। सच, काका जी। उन्हें आपकी बहुत याद आती है .... । अरे यह क्या आप भी रोने लगे।'' काँधल ने काका जी के हाथ पकड़ कर ढांढस बंधाया। कड़ी कठिनाई से राघवदेव अपने अश्रु रोक पाए।

''सुना है, मेवाड़ की पड़ौसी ताकतों ने सिर उठाना आरंभ कर दिया है।'' कांधल ने विषय बदलना चाहा।

''तुमने ठीक सुना, पुत्र।'' राघवदेव ने अपने मन पर संयम करते हुए हाँ भरी।

''सुना है सिरोही एवं बून्दी राज्यों ने भी सिर उठाना आरम्भ कर दिया है।''

''बेटा ! सत्य है कि सिरोही का नृपति हमारी अरावली श्रेणियों का पश्चिमी भाग जिसे हम गोड़वाड़ कहते है, लगभग दबा चुका है। वहाँ से गुप्तचर प्रतिदिन समाचार लाते है कि अमुक गाँव पर सिरोही का कब्जा हो गया। अमुक कस्बा लूट लिया गया, अमुक सामन्त सिरोही में मिल गया और हम हाथ पर हाथ रखे सारी घटनाओं को साक्षी भाव से देख रहे हैं।''

''आप तो राज्य के संरक्षक है, आप सेना लेकर सिरोही पर चढ़ाई क्यों नहीं करते हैं?''

''चढ़ाई का आदेश कौन दे? राजमाता अपने पुत्र मोह में महाराणा मोकल को अपनी साड़ी के पल्ले से बांधे रखना चाहती है। उन्हें डर है कि कहीं हम लोग उसकी हत्या

नहीं कर दें। स्थिति यहाँ तक आ गई कि बून्दी नरेश छः महिनों तक चित्तौड़ में अपनी नौकरी देता था, वह आज मेवाड़ के बीच में आकर मांडलगढ़ तक अपने धावे बोल रहा है। नागौर का फिरोजशाह अजमेर को लगभग निगल चुका है। अजमेर का ठाकुर महिपाल फिरोजशाह का प्रतिकार नहीं करने के कारण मोकल का दुश्मन बन गया है। चाचा और मेरा दोनों भाई भी मोकल की निर्णय न ले सकने की क्षमता के काराण खुले आम महाराणा का विरोध कर रहे हैं।''

''अब क्या किया जाए, काका जी। पिताजी अपने वचनों से बंधे है। जब तक महाराणा जी उन्हें नहीं बुलाएंगे, वे मेवाड़ मे कदम तक नहीं रखेंगे।'' काँधल ने अपनी विवशता बताई।

''भैया को समझाओ, पुत्र। आज सिसोदियों के राज्य में सबसे अधिक उपेक्षा भी सिसोदियों की ही हो रही है। जब मेवाड़ राठौड़ों के अधिकार में चला जाएगा और सिसोदिए दर दर के भिखारी बन जाऐंगे क्या उस दिन की प्रतीक्षा तक भैया बैठे रहेंगे? आज शासन के प्रत्येक शीर्ष पर राठौड़ और भाटी राजपूत बैठा है। मेवाड़ के सहायक भील और मीणे सेना में भर्ती ही नहीं होते हैं। आम आदमी राठौड़ों और सिसोदियों के बीच न्याय की गुहार करता है और उसे उपेक्षा ही मिलती है। राणाजी निर्णय ले नहीं सकते। राजमाता अपने भाई रणमल की अंधभक्त है। इस प्रकार शासन के सूत्र मण्डोर से संचालित होने लगे हैं। क्या इन परिस्थितियों पर भी भैया विचार नहीं करेंगे?'' राघवदेव की व्यथा अकथनीय हो उठी।

''मैं आपकी भावनाओं को ज्यों का त्यों पिताजी तक पहुँचा दूँगा। आप कुछ समय और धैर्यपूर्वक निकाले, पूज्यवर। ईश्वर का न्याय ही सत्य होता है। पिताश्री ने आपके लिए स्वर्णमुद्राएँ भेजी है। आप इन्हें स्वीकार करें, काकाजी।'' काँधले ने अपने झोले से स्वर्णमुद्राएँ काकाजी के समक्ष उड़ेल दी।

बेटा । तुम माण्डू से चलकर यहाँ तक आए हो। पुनः वहाँ जाओगे। मुद्राओं को तुम रख लो।''

''नहीं, काकाजी। हमारे पास पर्याप्त सुविधाएँ है। प्रत्येक दस कोस पर हमारे आश्रम, मंदिर और अखाड़े हैं। वहाँ कोई न कोई व्यक्ति मौजूद मिलता है। प्रत्येक स्थान पर गुप्तचरों के लिए आवश्यक धन उपलब्ध है। वैसे भी साधुओं को कहाँ कष्ट है। भारत की

धर्म प्राण प्रजा साधुओं का राजा के समान सम्मान करती है। आप हमारी आवश्यकताओं के बारे में कुछ भी नहीं सोचे।'' कांधल ने अपनी व्यवस्था बताई।

''तुम्हे हमारे बारे में जानकारी कब मिली?''

''कोई पन्द्रह दिन पूर्व राधादेवी द्वारा भेजी गई एक भैरवी आई थी। उसने बताया कि बस्सी के जंगलों में शिकार का आयोजन है। मैं दो दिन पूर्व ही बस्सी आ गया था। मेरा सेवक आपके मचान आदि की खबर लेकर मेरे पास कल ही आया था। मैंने रात को आना ही श्रेयस्कर समझा ताकि मुझे चित्तौड़वासी नहीं पहचान सके।'' कांधल ने कहा।

''वैसे भी तुम्हारी बढ़ी हुई लंबी दाढ़ी में तुम अच्छे सन्यासी जैसे दिखाई देते हो। अब कब तक प्रयाण करोगे?'' राघवदेव ने पूछा।

''अभी कुछ क्षणों के बाद ही हम कूच करेंगे। दिन उगने के पहले हम बस्सी पहुंचना चाहेंगे ताकि वहाँ दिन भर समाधि लगाई जा सके।''

''बेटा ! कुछ खाकर जाओ।''

''अच्छा, आप ऐसा करें कि मेरे झोले में जो कुछ तैयार हो डाल दें। मैं अपने सेवकों के साथ मार्ग में कहीं बैठकर खा लूँगा।'' कांधल ने कहा।

राघवदेव ने आवाज देकर अपने निजी सेवक को मचान पर बुलाया और सूखे मेवे लाने का आदेश दिया। सेवक एक थाल भर कर बादाम, दाख, खारक एवं काजू ले आया। राघवदेव ने बड़े ही स्नेह से स्वामीजी के सामने थाल रख दिया और सन्यासी जी ने सारा थाल अपने झोले में उड़ेल लिया।

रात ढ़ल चुकी थी। दूसरे दिन सभी को पता लग गया कि साधुओं का दल तपस्या करने शिव मंदिर में आया था किन्तु यहाँ आदमियों की भीड़ देखकर रात को ही पुनः पलायन कर गया। साधुओं के युवा गुरु के चिमटे, त्रिशूल, लाल – लाल आँखें, राघवदेव का सूखे मेवे द्वारा उनका स्वागत जैसे विषयों पर दूसरे लोगों मे चर्चा होती रही।

10

कभी भर्तहरि ने कहा था ''कालो न यातः वयमेव याताः'' अर्थात् समय नहीं बीता, हम ही बीत गए। काल अनन्त है। जीव अपने कर्मो के अनुसार अपनी आयु पूरी कर पता नहीं किस और पलायन कर जाता है। कल का बालक आज युवा हो जाता है और कालान्तर में वह वृद्धत्व की ओर बढ़ जाता है। कल हीं हंसाबाई का विवाह महाराणा लाखा के साथ हुआ था, चूण्डा मेवाड़ छोड़कर चला गया था, रणमल अपने बाप के राज्यसिंहासन पर बैठे अपने भाई सत्ता को उखाड़ फेंकने चला गया था और चूण्डा पुत्र कांधल तलवार के बजाए त्रिशुल धारण कर पुनः माण्डू चला गया। घटनाओं का क्रम तेजी से बदल रहा था। इन्हीं दिनों एक और घटना हो गई।

ईस्वी सन् 1432 की बसन्त ऋतु चल रही थी। चारों और हरे भरे खेतों में सरसों के पीले फूलों की मानो चादर सी बिछी हुई थी। हवा की दिशा बदलने लगी थी। शीत का प्रकोप कम हो गया था। चित्तौड़गढ़ के राजप्रासाद में महाराणा मोकल ''सूरज गोखड़े'' से प्रातःकालीन संध्यावंदन के क्रम मे उगते हुए सूर्य की अर्ध्य देकर मुड़े ही थे, कि पीछे से उनके निजी सेवक ने हाथ जोड़ कर प्रणाम किया।

''क्या बात है मल्लसिंह।'' मोकल ने पूछा।

''मुझे क्षमा करें देव। मुझसे बहुत बड़ा अपराध हो गया।''

''कैसा अपराध, मेलसी'' सामान्य जन इस सेवक को मेलसी डोडिया के नाम से जानते थे।

''अन्नदाता मुझे क्षमा करें।'' कहकर मेलसी ने महाराणा के चरण पकड़ लिए।

''अरे। बात भी बतायेगा या यों ही रोता रहेगा?'' राणा ने मेलसी से अपने पैर दूर करते हुए कहा।

''स्वामी ! यह नहीं बताएगा, मैं बताती हूँ इसकी करतूत।'' कक्ष के द्वार से राजरानी मदालसा अवतरित हुई।

''आइए, हाड़ी रानी जी। क्या अपराध किया है इस सेवक ने।''

महाराणा तब तक अपने मखमली आसन पर बैठ चुके थे। एक ओर मदालसा ने भी अपना आसन ग्रहण कर लिया। मेलसी महाराणा के चरण पकड़ कर अपना सिर बार – बार भूमि पर रगड़ रहा था।

''अन्नदाता ! आज मेलसी देर से आया। हो सकता है, रात को इसने नशा किया हो। तब तक रसोई में आपके लिए प्रातःकालीन अल्पाहार तैयार कराया गया। आपके निजी सेवक होने के कारण मेलसी का ही दायित्व था कि वह आपको परोसे जाने वाली प्रत्येक वस्तु एवं सामग्री की पूरी तरह जाँच करे।'' राजरानी मदलसा को महाराणा जी के बोलने के कारण रूक जाना पड़ा। महाराणा ने बीच में ही बोलते हुए कहा ''रानी जी। इन छोटी मोटी बातों को आप ही देख लिया करें। आपको पता है कि मुझे अल्पाहार के पश्चात राज्य सभा में उपस्थित होना है। यदि कोई सजा ही देनी हो तो आप दे दिया करें।''

''यदि मेरे स्वामी का यही आदेश है तो मैं मेलसी के लिए मृत्युदंड से किसी प्रकार के कम दंड की व्यवस्था सोच ही नहीं सकती।''

''ऐसा क्या अपराध है, इस सेवक का?'' महाराणा ने साश्चर्य पूछा।

''यह व्यक्ति आपकी हत्या करने के षड़यंत्र में सम्मिलित है।'' राजरानी का क्षत्रिय रक्त उबल पड़ा। महाराणा सतर्क हो गए। जब व्यक्ति को स्वयं ही मृत्यु टलने की सूचना मिलती है तो प्रसन्नता के साथ आन्तरिक भय की सिहरन भी कम नहीं होती है। वे यकायक कह उठे'' मुझे सारी घटना सुनाओ, रानी जी।''

''मैं वही सुनाने जा रही हूँ, स्वामी। आज मेलसी देरी से आया। इधर अल्पाहार बन चुका था। आपके लिए अल्पाहार लेकर रसोईघर से एक दासी बाहर निकली ही थी कि बन्दर महल की छत से नीचे कूद गया। बन्दर के भय से दासी के हाथ से थाल छूट गया। इतने में मेलसी आ गया। उसने आते ही दासी को पकड़कर रस्सी से बांध दिया और थाल से गिरी हुई अल्पाहार की सामग्री को कुत्तों को डाल दी। मेलसी ने यह भी बता दिया कि इस सामग्री में जहर मिला हुआ था। कुछ ही देर से वे कुत्ते भी मर गए, जिन्हें वह सामग्री डाली गई थी।''

''मेलसी। यह बताओ कि तुम्हे कैसे पता चला कि भोज्य सामग्री में जहर था।'' महाराणा ने मेलसी से पूछा।

"अन्नदाता । आप मुझे क्षमा करें। मैं सब कुछ बताने को तत्पर हूँ। मेरी इतनी सी प्रार्थना है कि मुझे मृत्युदंड नहीं दिया जाए।"

"अच्छी बात है, सब कुछ सत्य – सत्य कहना अन्यथा तुझे कोई पानी देने वाला भी नहीं मिलेगा।"

"अन्नदाता। कल रात आपकी सेवा के बाद मैं अपने घर गया। मैं पहुंच ही नहीं पाया था कि दो व्यक्तियों ने घर की गली में मुझे पकड़ लिया। मेरा मुंह बन्द कर मुझे किले के उत्तरी छोर की ओर के तालाब की ओर ले जाया गया। वहाँ के खेत पर बनी झोपड़ी में मुझे बांध कर रखा गया। लगभग आधी रात को दो लोग ओर आ गए। उन्होंने मुझे छुड़ाया और मुझे समझाया गया। उनका आशय यह था कि मैं किसी प्रकार आपकी हत्या कर दूं। मैंने इसे स्वीकार नहीं किया। इस पर मुझे खूब पीटा गया। उनकी पिटाई से मैं जोर – जोर से चिल्लाया। मेरी आवाज सुनकर पास की बस्ती के लोग दौड़ कर आए। वे लोग मुझे भीड़ के आने के पूर्व उसी कोटड़ी में छोड़कर भाग गए। बस्ती के लोगों ने मुझे नगर रक्षक के कार्यालय में पहुंचा दिया। चूंकि रात का समय था अतः मुझे वहीं एक कोटड़ी में बन्द कर दिया गया। सुबह जब नगर रक्षक आए तब उन्होंने मुझे पहचान कर छोड़ दिया। अन्नदाता इस घटना से मुझे सन्देह हो गया कि वे लोग आपको मारना चाहते हैं।"

"कौन है वे लोग?" महाराणा जी पूछ बैठे।

"अन्नदाता। मुझे लगता है उनका संबंध चाचा एवं मेरा जी से अवश्य रहा होगा।"

"और तुम्हे दासी पर सन्देह क्यों हुआ?" राजरानी मदालसा पूछ बैठी।

"मैंने उसे अल्पाहार ले जाते देख लिया था। उसके चेहरे पर कठोरता के भाव थे। बन्दर की आहट से ही उनके हाथ काँप गए। मैं समझ गया कि जिन लोगों ने मुझे पीटा था, वे लोग या उनके लोग दासी तक भी अवश्य पहुंचे होंगे।" मेलसी डोडिया महाराणा के पैरों को छोड़ना ही नहीं चाहता था।

सारी घटना स्पष्ट हो गईं मेलसी डोडिया के शरीर पर चोट के निशान उसके कथन को प्रमाणित कर रहे थे। नगर के दण्डनायक ने भी इस घटना की पुष्टि कर दी कि रात को मेलसी डोडिया की पिटाई हुई थी और उसे कोतवाली में बन्द रखा गया था।

इन समस्त प्रमाणों के आधार पर मेलसी डोडिया को क्षमा कर दिया गया और वह महाराणा के निजी सेवक के पद पर पूर्ववत काम करता रहा।

राज्य सभा ने भी एक सर्वसम्मत निर्णय लेकर महाराणा के अंगरक्षकों की संख्या बढ़ा दी तथा गुप्तचर विभाग को निर्देश दिए गए कि चाचा, भेरा और महपा पँवार की गतिविधियों पर सूक्ष्म दृष्टि रखी जाए।

घटना कुछ दिनों तक चर्चित रही, ठीक उसी तरह जैसे बाढ़, अकाल और युद्ध में किसी की मृत्यु के विषय में चर्चा होती है। नई बात नौ दिनों तक चलती है और फिर वही दैनिक कार्यक्रम चल पड़ता है। नूतनता धीरे – धीरे यथास्थिति के महासागर में लुप्त हो जाती है।

काल का प्रवाह अविरल बहता रहता है। यह प्रवाह कब किसे कहाँ ले जाता है, इसका अता – पता बड़े से बड़े विद्वानों तक को नहीं होता है। सुख, साम्राज्य और वैभवपूर्ण सुविधाओं की शीतल लहरों के बीच मेवाड़ के साम्राज्य में गर्म हवा का झोंका आया। मेवाड़ की राज्य परिषद् ने इस निर्णय पर अपनी मुहर लगा दी कि गुजरात की बढ़ती सेनाओं को खदेड़ने के लिए महाराणा मोकल स्वयं सेनापति के दायित्व का निर्वहन करे, क्योंकि महाराणा के क्षीण होते प्रभा मण्डल को बचाने का यही एक कारगर उपाय था। मेवाड़ पर नागोर, बूंदी, सिरोही जैसे छोटे मोटे क्षत्रिय यदा कदा हमले किया करते थे। सिरोही राज्य के आक्रमण गोड़वाड़ पर आए दिन होते रहते थे।

कल का बूंदी राज्य मेवाड़ के माण्डलगढ़ तक हमले कर चुका था। यद्यपि नागौर का मुसलमान शासक जावर की पर्वतमाला से दुम दबाकर भाग चुका था, तथापि उसका आतंक अजमेर परगने पर लगातार छाया हुआ था। घर की स्थिति भी ठीक नहीं थी। चित्तौड़गढ़ नगर पर राठौड़ों का प्रभुत्व जम चुका था। उसके रक्तवंशियों का राज्य के प्रत्येक विभाग में प्रमुख पद पर आसीन होना, सिसोदियों को चिंतित करने हेतु पर्याप्त आधार था। चाचा और मेरा स्वयं राणा बनने के स्वप्न देख रहे थे। अजमेर के श्रीनगर कस्बे का ठाकुर महपा पंवार मेवाड़ के प्रधानमंत्री पद को प्राप्त करने के प्रयत्न करने में लगा हुआ था।

इधर महाराणा की माता हंसाबाई अपने पुत्र मोह में मोकल को विरोधियों से संघर्ष करने में मना करती थी। लाखा की राजगद्दी पर महाराणा मोकल आसीन तो हो चुका

था, किन्तु अपने गौरव की स्थापना अब तक उसने नहीं की थी। ये ही कारण थे कि राज्य की मंत्री परिषद् ने महाराणा की सेवामें यह संदेश भेजा कि वे स्वयं आगे बढ़कर गुजरात की ओर प्रस्थान कर प्रत्याक्रमण करें। यद्यपि महाराणा साहसी एवं क्षत्रियोचित मनोवृति का व्यक्ति था, तथापि माता के अतिशय प्रेमप्रवाह के कारण उसने चित्तौड़गढ़ को ही मेवाड़ का पर्याय समझ लिया था।

हंसाबाई ने बड़े ही अनमने मन से अपने पुत्र को युद्ध करने की अनुमति दे दी। उन दिनों गुजरात जाने का मार्ग वहीं था, जो कि आज है। एक मार्ग था चित्तौड़गढ़ से आहड़ (वर्तमान का आयड़ उपनगर जो कि उदयपुर का एक भाग है) होता हुआ सलूम्बर और आसपुर होता हुआ बड़ौदा (एक गांव) तक जाता था। बड़ौदा किसी समय डूँगरपुर राज्य की राजधानी थी। या यों कहें कि डूँगरपुर के अस्तित्व में आने के पूर्व बड़ौदा जिसे शिलालेखों में बटभद्रपुर कहा गया है, उस राज्य की राज्य सत्ता का केन्द्र था। यहीं से गुजरात में जाने का अन्तिम पर्वतीय मार्ग रतनपुर का घाटा था। आज भी यही मार्ग प्रमुख रूप से विद्यमान है। दूसरा विकट मार्ग चित्तौड़गढ़ से देवलिया (प्रतापगढ़) होता हुआ धरियावद के जंगलों को पार करता हुआ पारसोला होता हुआ आसपुर जाता था और आगे जाकर बड़ोदा वाले मार्ग से मिल जाता था।

महाराणा ने अपना मार्ग आहड़ (वर्तमान में उदयपुर नगर का एक भाग) होकर जाने का तय किया। शुभ मुहूर्त में महाराणा ने दुर्ग के पश्चिमी द्वार से निकलकर खिज्रखां (अल्लाउद्दीन का पुत्र खिज्रखां) के द्वारा सन् 1304 से 1305 की अवधि के बीच बनवाए गए गंभीरी नदी के पुल को पार किया। राज्य की समस्त सेना ने पहला पड़ाव वर्तमान के घोसुण्डा गाँव के कुछ आगे की ओर तय किया था। सेना अपने संसाधनों के साथ धोसुण्डा की ओर प्रस्थान कर चुकी थी। महाराणा अपने नीजी सेवक मेलसी डोडिया, हाड़ी रानी मदालसा एवं अंगरक्षकों के साथ सैनिक प्रयाण के क्रम में आगे बढ़ा। इस बार महाराज कुमार कुंभा भी साथ थे। कुम्भा की उम्र उस समय कोई सोलह–सत्रह वर्ष की रही होगी। सभी लोग अपने – अपने घोड़ों पर सवार होकर एक छोटे से दल के रूप में चल पड़े थे।

मार्ग में धोलेश्वर महादेव का मंदिर आया। यह मंदिर बेड़च नदी के तट पर एक पहाड़ी के ढाल पर बड़ा ही सुरम्य दिखाई देता था। इसकी प्रकृतिक छटा वस्तुतः मन को मोहनेवाली थी। महाराणा ने इस मंदिर के बाहर वटवृक्ष के नीचे कुछ समय विश्राम करने की इच्छा प्रकट की। सारा दल रूक गया। पेड़ की छाँया मे जाजम बिछा दी गई। घोड़ों की जीण उतार ली गई। उन्हे नदी में पानी पिलाने हेतु ले जाया गया। अंगरक्षकों का दल भी नीचे की ओर नदी के समीप चला गया। महाराणा मोकल और महारानी मदालसा कमर सीधी करने हेतु जाजम पर लेट गए। निजी सेवक मेलसी जाजम से कुछ दूर हट कर आड़ लेकर बैठ गया। वह दोपहर बड़ी शान्त थी। राजकुमार कुंभा भी पेड़ की जड़ पर अपनी कमर टिका कर आराम से पैर फैलाकर बैठ गया। जंगली बिहंग पेड़ों में अपने – अपने आवास में गर्मी से बचने हेतु विश्राम कर रहे थे। सब कुछ शान्त सा था। इतने में बंदरों का एक टोला दूर से हूँक भरता हुआ आया और इस वन में मनुष्य रूपी जन्तुओं के दल को देखकर आगे बढ़ गया। कुंभा का ध्यान एक बंदरिया की ओर चला गया। यह बंदरिया अपने बच्चे को छाती से चिपका कर एक डाल से दूसरी डाल पर कूद रही थी। माता और पुत्र का यह प्रेम कुंभा की भावनाओं को उद्बेलित कर गया। कुंभा का सोच कुंलाँचे भरने लगा। यह ममता ही है जो बाँधे रखती है। उन्मुक्त कहा जाने वाला मानव भी इस ममतामयी मातृत्व की भावनाओं की पावन श्रृंखला में कैसे बंधा हुआ है, उसका उदाहरण यह बंदरिया का बच्चा है। माँ के पेट से लटका हुआ बच्चा उसे बोझ नहीं लगता है। संसार में यही एक शक्तिरूपा है जिसे दुर्गा, काली और सरस्वती के रूप में पूजा जाता है। जो स्वयं मिटकर अपने बच्चों को बनाती है, वहीं माँ हो सकती है। बच्चे के लिए भी माँ ही एक मात्र अवलम्बन होता है। कुंभा का ध्यान सहसा अपनी माँ की ओर चला गया।

"महाराज कुमार सावधान। अन्नदाता को जगाओ। कुछ हथियार बंद लोग इधर आ रहे हैं। मुझे उनके लक्षण अच्छे नहीं लगते हैं।" मेलसी की घबराहट भरी आवाज ने महाराज कुमार की भावनाओं की श्रृंखलाओं को विखंडित कर दिया। महाराणा उठ बैठे। महाराणी ने भी भी तलवार संभाल ली। राजकुमार भी अपने भाले और तलवार के साथ सन्नद्ध होकर खड़ा हो गया।

कोई तीस–पैंतीस घुड़सवार, तलवार और भाले घुमाते हुए इस ओर आए। इनमें से तीन चार लोग घोड़ों से उतर कर जाजम के पास पहुँचे। उन्होंने जाजम को एक साथ जोर से खींचा। जाजम पर खड़े महाराणा, महारानी और राजकुमार संतुलन नहीं रख पाए और गिर पड़े। इसी समय सैनिकों का दल महाराणा पर टूट पड़ा। आक्रमणकारियों में अगुआ चाचा और मेरा थे। इस दल में महपा पंवार भी सम्मिलित था। महाराणा ने उठकर प्रतिरोध किया। कुल मिलाकर नौ व्यक्ति महाराणा के हाथों मारे गये। मरने वालों में चाचा और मेरा के संबंधी भी थे। महाराणी मदालसा ने भी आज के युद्ध में पाँच सैनिकों का वध किया। मैलसी डोडिया भी तीन सैनिकों को मार कर मर गया। घायल महाराणा और महाराणी के शरीर से अत्यधिक रक्तस्त्राव हो गया और वे गिरकर सदा के लिए सो गये। महपा पंवार महाराजकुमार कुंभा के वार से घायल हो गया था।

महाराज कुमार समझ गया कि माता – पिता को नहीं बचाया जा सकता था। वे गिरकर अन्तिम सांस ले रहे थे। उसने तुरन्त परिस्थिति का विश्लेषण कर एक मृत सैनिक के घोड़े पर चढ़ कर पलायन किया। महपा पंवार घायल हो चुका था। चाचा और मेरा ने महाराणा और महाराणी का काम तमाम कर कुंभा की ओर अपना ध्यान दिया। किन्तु कुंभा घोड़े पर सवार होकर दूर भागता हुआ दिखाई दिया। उन्होंने पीछा किया। कुंभा तेजी से भागता हुआ चित्तौड़ की ओर मुड़ गया। थूअर की बाड़ों के बीच के संकड़े मार्ग में से होकर वह आगे बढ़ा। वहाँ एक पहाड़ी के पास पहुंचने पर उसने अपने घोड़े को पास के गांव की ओर जाने वाले रास्ते की ओर मोड़ दिया। पीछे से आने वाले घुड़सवारों को पथरीले मार्ग पर घोड़ों के खुरों के निशान नहीं मिले।

यहीं से भाग्य ने अपना परिदृश्य बदला। कुंभा भागता – भागता एक पटेल के घर पहुंच गया। पटेल नहीं समझ पाया कि माजरा क्या था। कुंभा ने संक्षेप में अपना परिचय तथा वर्तमान की परिस्थिति को समझाया।

पटेल ने कहा "कुमार – आप मेरे घर के पीछे बंधे दो घोड़ों में से एक को अपनी सवारी के काम में ले और दूसरे को मार दें।"

"इससे क्या होगा, पटेल।" महाराज कुमार ने प्रतिप्रश्न किया।

"होगा यह कि आपको नया घोड़ा मिल जाएगा और आपके पीछे पड़े लोग यदि यहाँ तक आ भी गए तो उनके घोड़े थके हुए होंगे और उन्हें नया घोड़ा नहीं मिल पाएगा। जब घोड़ा होगा ही नहीं तो वे मुझसे क्या लेंगे?"

राजकुमार के बात समझ में आ गई। उसने तुरन्त अपनी तलवार से अपेक्षाकृत कमजोर घोड़े का वध किया, अपने घोड़े को वहीं छोड़ा और पटेल का नया घोड़ा चित्तौड़गढ की ओर चल पड़ा। कुछ काल के उपरान्त चाचा ओर मेरा भी वहां आ गए किन्तु उन्हें निराशा ही हाथ लगी। न तो नया घोड़ा ही मिल पाया और न राजकुमार ही। उन्हें जानकारी भी मिल गई कि राजकुमार चित्तौड़गढ की ओर भाग गया।

11

राव रणमल ने मंडोर पर अपना आधिपत्य जमाकर शासन व्यवस्था राजकुमार जोधसिंह को सौंप दी और स्वयं नागौर की ओर बढ़ गया। उसे नागौर में ही पता लगा कि चाचा, मेरा और महपा पंवार ने आक्रमण पर महाराणा मोकल की हत्या कर दी। अपनी बहिन के उस यशस्वी पुत्र की हत्या से उसका खून खौल उठा। उसने तत्काल साफा उतार कर फेंटा (सिर पर मात्र एक अंगोछा बांधना) बांध लिया। स्नानकर अपने भाणजे को जलांजलि दी और तेरह दिन का शोक मनाकर वह चित्तौड़ की ओर चल पड़ा। इस बार उसने सबके समक्ष दो प्रतिज्ञाएँ की। एक तो यह कि "मैं मोकल के हत्यारों का वध करके ही मारवाड़ लौटूंगा" और दूसरी यह कि "इस षड़यंत्र में सम्मिलित सभी क्षत्रियों की बहन बेटियों को राठौड़ों के घरों में डालूँगा।" चित्तौड़ आकर उसने नये महाराणा कुंभा (जिसे कुंभकरण भी कहा जाता है।) को सांत्वना दी और स्वयं एक छोटी सी सेना लेकर शत्रुओं का नाश करने के निमित्त निकल पड़ा।

लंबी कद – काठी के इस राजनेता ने खमनोर गाँव से होकर नाई एवं पई गाँव की ओर अपनी सेना को आगे बढ़ाया। पई गांव के आस – पास की बस्ती बहुत ही छितराई हुई थी।

एक मकान इस टेकरी पर तो दूसरा दूसरी टेकरी पर था। सिके हुए पापड़ पर जैसे छोटे – छोटे उभार आ जाते हैं, ठीक उसी प्रकार का यहाँ का धरातल है। इस पर भी वनों एवं वन्य जीवों का बाहुल्य कम नहीं था। लगभग छः महिनों तक रणमल पई की पहाड़ियों में भ्रमण करता रहा पर चाचा और मेरा का कुछ भी नहीं बिगाड़ सका। अन्त में एक दिन एक मुखबिर से पास की किसी पहाड़ी पर चाचा एवं मेरा के होने की सूचना मिली। रणमल ने रात में ही उस पहाड़ी को घेर लिया। चाचा एवं मेरा ने मुकाबला किया किन्तु रणमल के साथ आई सेना का प्राबल्य था। अतः ये दोनों भाई नहीं बच पाए किन्तु चाचा का लड़का एका (एक नाथ) बच कर भाग निकला। रणमल के सैनिकों ने सभी विद्रोहियों के मुण्ड एकत्रित करा कर प्रदर्शनी लगवाई। रणमल को चाचा एवं मेरा के आवास से सैंकड़ों लड़कियाँ भी मिली।

रणमल का अभियान अभी अधूरा था। महपा पंवार अभी तक भी बाकी था। रणमल ने महपा का पीछा किया। एक भील ने महपा का पता दिया परन्तु उसने यह भी बताया कि जिस मार्ग से महपा के आवास पर जाया जा सकता है, वहाँ मार्ग में एक शेरनी ने बच्चे दिये हैं अतः सोच समझ कर ही आगे बढ़ने का निवेदन किया। रणमल ने अपने सैनिकों को आगे बढ़ने का आदेश दिया। मार्ग में शेरनी का शिकार किया गया। आगे की पहाड़ी को घेर लिया गया। कुछ सैनिक खपरेल की छत पर भी चढ़ गए। इतने में एक स्त्री ने किंवाड़ खोले और दोड़ कर पहाड़ी के पास के वन में विलीन हो गई। रणमल के सैनिकों ने स्त्री पर हाथ उठाना उचित नहीं समझा।

रणमल उस घर के बाहर चिल्लाने लगा – ''महपा बाहर आ। यदि तू बाहर नहीं आया तो सारे घर को जला कर राख कर दूंगा।''

भीतर से एक स्त्री ने रोते हुए कहा ''अन्नदाता। मैं डोम जाति की एक स्त्री हूँ। महपा पंवार मेरे वस्त्र पहन कर बाहर भाग गया। आप भीतर नहीं आवें। मैं नंगी बैठी हूँ।''

चिड़िया फुर्र हो गई। रमणल हाथ मलता रह गया। इस प्रकार चाचा और मेरा का काम तमाम कर रणमल सिसोदियों की कई पुत्रियों को साथ लेकर एकलिंगनाथ के दर्शनार्थ कैलाशपुरी आया। कैलाशपुरी के गुंसाई जी ने रणमल की आवभगत की और एक सप्ताह तक वहीं रूकने का निवेदन किया। महिनों के चले अभियान से श्रमित रणमल को इस धर्मपुरी में रूकना अच्छा लगा। इस बीच गुंसाई ने अपने पट्ट शिष्य को आवश्यक सूचनाएं देकर चित्तौड़गढ़ भिजवा दिया।

महाराणा कुंभा और राघवदेव राजप्रासाद में किसी गंभीर विषय पर चर्चा कर रहे थे। इसी बीच यह शिष्य गुंसाई जी का पत्र लेकर पहुंच गया। कुंभा को इस सूचना से तो प्रसन्नता हुई कि पिताश्री की मृत्यु का बदला ले लिया गया किन्तु अगले समाचार से उसे बहुत कष्ट हुआ। रणमल चाहता था कि समस्त पकड़ी गई कन्याओं को वह राठौड़ों के घरों में डाल दें। राघवदेव का माथा भी ठनक गया।

''यह तो सर्वथा अनुचित है। हमारे कुल की कन्याओं को राठौड़ लोग हमारे ही राज्य में अपने घरों में डाल दें, इससे बड़ा अपमान और क्या हो सकता है, महाराणा जी?'' राघवदेव पर क्रोध चढ़ गया था।

"आप ही कोई उपाय करें, काका जी।" युवक कुंभकरण ने अपनी ओर से एक प्रकार से समस्या के समाधान का दायित्व राघवदेव पर डाल दिया।

"जैसी आपकी आज्ञा, अन्नदाता।" कहकर राघवदेव उठा और कक्ष के बाहर चला गया। महाराणा ने मन ही मन एकलिंगनाथ के गुंसाई की प्रशंसा की। उनके लिए उचित उपहार की सामग्री एवं शिष्यों के लिए वस्त्रादि भेजे गए।

राघवदेव अपने कुटुम्बियों की सेना लेकर कैलाशपुरी की ओर बढ़ गया।

जब तक वह कैलाशपुरी पहुंचा उसे पता लगा कि पास ही कोई तीन कोस की दूरी पर देलवाड़ा गांव में अगले दिन सामूहिक विवाह की योजना को पूरा करने की अभिलाषा से रणमल कैलाशपुरी छोड़कर चला गया था। राघवदेव ने एकलिंग जी के दर्शन पर तुरन्त प्रयाण किया।

उधर देलवाड़ा गांव के जैन मंदिर में उन समस्त कन्याओं के हाथों में मेंहदी लगाई जा रही थी। उनके लिए नये वस्त्र भी तैयार कराए जा रहे थे। अगला दिन विवाह का था। राघवदेव अपनी सेना के साथ देलवाड़ा जा पहुंचा।

"बधाई हो रणमल जी। आपने हमारे विद्रोहियों का सफाया कर दिया।" राघवदेव ने सामान्य शिष्टाचार के साथ रणमल से कहा।

"आओ राघव जी! आप भी अच्छे अवसर पर आए। कल हमने यहाँ सामूहिक विवाह का आयोजन किया है। आप भी उसमें सम्मिलित हों यह हमारा निवेदन है।"

"सामूहिक विवाह? कैसा सामूहिक विवाह? इतने वर और इतनी कन्याएँ कहाँ से आ गई?" अनजान बने राघवदेव ने रणमल की थाह लेनी चाही।

"चाचा और मेरा के सहयोगियों की कई कन्याओं को सैनिक अभियान के दौरान पकड़ा गया। कल उन्हीं कन्याओं का विवाह किया जाएगा।" रणमल ने सफाई दी।

"किनके साथ होगा यह विवाह।"

"राठौड़ों में योग्य लड़कों की कमी नहीं हैं, राघवदेव जी।"

"लड़कियाँ सिसोदिया कुल की हैं और इनका विवाह होगा राठौड़ों के साथ।" कहकर राघवदेव थोड़ा रूका और फिर कहने लगा। "वे लड़कियाँ कहाँ है?"

''यहीं जैन मन्दिर में उनके ठहरने का इन्तजाम किया है।''

''ठीक है।'' कहकर राघवदेव जैन मन्दिर की ओर चल दिया। राघवदेव लड़कियों से मिला। सभी लड़कियाँ अपने कुल प्रमुख को देखकर रो पड़ी। एक ने कहा ''दादा जी, क्या हम भेड़ बकरियाँ है, कि हमें जिसके साथ चाहें बाँध दिया जाए?''

''इन राठौड़ों का लक्ष्य ठीक नहीं है। ये लोग मेवाड़ के शत्रु हैं।'' दूसरी लड़की ने सिसकियाँ भरते हुए कहा।

''आपके पिता, भाई एवं बंधुबांधवों ने चाचा और मेरा का साथ दिया। उन्होंने महाराणा जी की हत्या की थी। उसकी सजा आपको दी जा रही हैं।'' राघवदेव लड़कियों के मन को टटोलना चाहता था।

''सो तो ठीक है। आपके संबंधी रणमल जी ने हमारे घर के पुरुषों को मारकर उनके मुण्डों को एक स्थान पर एकत्रित कर बदला ले लिया, किन्तु अब हमें क्यों सताया जा रहा है?'' एक लड़की ने कहा।

''तुम्हारा विवाह तो कहीं न कहीं होना ही हैं। यदि राठौड़ों के साथ ही विवाह हो जाए तो क्या बुरा है?'' राघवदेव कह तो गया पर उसके मन ने इस कथन का साथ नहीं दिया।

''काका जी! क्या आप भी यही चाहते हैं? क्या सिसोदियों के वंश में कोई भी पुरुष नहीं बचा है जो हम लड़कियों के भविष्य के बारे में सोच सके। आपके मरने के बाद यदि आपकी पुत्री का इस प्रकार जबरन विवाह कराया जाए तो आपको कैसा लगेगा?'' एक मुंहफट कन्या ने अपना आक्रोश प्रकट किया।

''ठीक है, मैं आपकी समस्या पर विचार करूँगा।'' कहकर राघवदेव चुप हो गया। राघवदेव भले ही चुप हो गया हो पर लड़कियों ने अपने कष्टों का बचान जारी रखा। रणमल के राठौड़ सैनिक पूरे रास्ते में सिसोदियों पर जिस प्रकार के व्यंग्यबाण बरसा रहे थे उनकी बानगी भी राघवदेव को सुनाई गई। उन्हें भूखा रखा गया, पैदल चलाया गया और फटे वस्त्रों में रखा गया और भी कई प्रकार के मानसिक कष्ट उन कन्याओं को दिये गये। राघवदेव सबकुछ सुनता रहा। इसी बीच एक राठौड़ सैनिक ने रणमल को लड़कियों के रूदन की खबर दे दी। रणमल सीधा अपने सैनिक शिविर से मंदिर में आ धमका।

कन्याओं के रूदन की अनदेखी कर उसने आते ही राघवदेव जी को व्यंग्य में पूछा – "अब सिसोदियों का अगला क्या कार्यक्रम बन रहा है?" इस कथन पर वहाँ खड़े राठौड़ सैनिक मुस्करा उठे। यह दुर्भाग्य ही था कि चाचा और मेरा सिसोदिया वंश से सम्बन्धित थे और उन्हीं के हाथों महाराणा मोकल की हत्या हुई थी। राघवदेव ने रणमल के प्रश्न का कोई उत्तर नहीं दिया और कन्याओं की ओर मुड़ कर आदेश दिया।

"बेटियों चलने की तैयारी करो। कल प्रातःकाल ही हम चल देंगे।"

"कहाँ।" अब रणमल के चौंकने की बारी थी।

"चित्तौड़गढ़।" राघवदेव ने संक्षिप्त में उत्तर दिया।

"क्यों?" यहाँ तो उनका विवाह होने वाला है।" रणमल के चेहर पर हवाईयाँ उड़ने लगी।

"कन्यादान कौन करेगा?" राघवदेव ने पूछा।

"जब आप यहाँ आ ही गए हैं, तो आप ही यह कार्य सम्पन्न कीजिए।" रणमल ने कहा।

"रणमल जी। आप हमारे सम्बन्धी है, इसलिए यदि कोई अनुचित कहूँ तो क्षमा करना। यदि आपकी बेटियों को बिना आपकी अनुमति के बिना हम अपने घरों मे डाल दें तो आपको कैसा लगेगा? राघवदेव ने प्रतिप्रश्न किया।

"पर इन लड़ंकियों के घर वाले तो आपके शत्रु थे, और इन्हे हम जीत कर लाए हैं। अतः इनके भविष्य का निर्णय करना हमारा दायित्व हैं", रणमल ने अपना अधिकार जताया।

"इनके घर वाले शत्रु थे, तो उन्हें दण्ड मिल चुका है। वे लोग मारे भी जा चुके हैं। ये लड़कियाँ मेरे वंश की है। जब तक राघवदेव इस धरती पर मौजूद हैं, इनके विवाह का निर्णय वह स्वयं करेगा और आज का निर्णय यह है कि इन लड़कियों को लेकर मैं चित्तौड़गढ़ जा रहा हूँ। महाराणा जी से सलाह लेकर इनके भविष्य का निर्णय करूँगा।" राघवदेव ने निर्णय सुना दिया।

"यह कैसे हो सकता है? विजय हमने प्राप्त की है और उपहार आप ले चले।" रणमल की आँखों में खून उतर आया।

विजय महाराणा जी की सेना ने प्राप्त की है। आप उस सेना के नायक मात्र है। मेवाड़ का सेनापति राघवदेव सिसोदिया है। उसी राघवदेव की सेना की सहायता से हमने राज्य से निकाले गये रणमल जी को मण्डोर राज्य प्रदान किया था। यह मत भूलों कि आप मेवाड़ के एक सामन्त है। अपनी स्थिति का आकलन करो मित्र।'' राघवदेव ने अपना अधिकार प्रकट किया।

''किन्तु मैं इन लड़कियों को राठौड़ों के घरों में डालने का वचन दे चुका हूँ।'' रणमल का धैर्य चुकने लगा।

''वचन एक सामन्त का है, महाराणा जी का नहीं। मेवाड़ की धरती पर मेवाड़ के नृपति के वंश की कन्याओं को राठौड़ लोग उनकी इच्छा के विरूद्ध अपने घर में डाल दें और हम देखते रहें, यह नहीं हो सकता। आप अपने वचनों पर पुनर्विचार करो, मित्र।''

रणमल सन्न रह गया। इसके बड़े भाई चूण्डा को राज्य से बाहर भिजवा दिया किन्तु यह राघवदेव भी वैसा ही निकला। रणमल अपने साथ आए राठौड़ युवकों की गणना करने लगा। इतनें में राघवदेव का वज्र के समान स्वर गूँजा ''बेटियों, तुम्हें आज के बाद अपने साथ छुरियाँ रखनी होगी। मेरा सेवक आपको छुरियाँ दे जाएगा। कल प्रातः हम लोग चित्तौड़गढ की ओर प्रस्थान करेंगे। यदि कोई भी व्यक्ति तुम्हारी ओर आँख भी उठाकर देखे तो आपको अधिकार है कि आप अपनी छुरी उसके पेट में डाल दें। आपको यह खुली छूट हैं। यदि और कोइ टंटा करे तो राघवदेव आपके साथ है। अपने आँसू पोंछो और यात्रा की तैयारी करो।''

लड़कियों के मन प्रसन्न हो गए। सभी ने एक – एक कर अपने कुल प्रमुख राघवदेव के चरण छुए। रणमल सारा दृश्य देखता रहा। उसने अपने क्रोध को बड़ी कठिनाई से संयमित किया। किन्तु प्रतिशोध और पारा क्या कभी पच सकता है? यह खाँसी के रोग की भाँति है जो न चाहने पर भी प्रकट हो जाता है। यह वह शराब है जो हलक के नीचे उतरने के बाद तन मन को चलित कर देती है। प्रतिशोध धधकता रहा और राघवदेव सभी लड़कियों को लेकर चित्तौड़गढ की ओर चल दिया।

रणमल को सभी के सामने नीचे देखना पड़ा – अपने लोगों के सामने और पराई लड़कियों के सामने भी। अपने उन नवयुवकों को अब क्या उत्तर दे जो अपने शरीर पर ''तेलपाण'' (विवाह पूर्व तेल मिश्रित दृव्य, जिनका शरीर पर लेप किया जाता है।) चढ़ा

चुके थे। रणमल को शिशुपाल याद आ गया जो अपनी आँखों में काजल डालकर रूक्मिणी का स्वप्न देखता रह गया और वह लड़की श्रीकृष्ण के साथ भाग गई। आज उसकी स्थिति भी वैसी ही हो गई। पराई धरती पर, अपनी बहिन के पौत्र के राज्य में उसकी गरीमा को यों ठोकरे लगाकर उड़ाया जाएगा, यह आकलन वह नहीं कर पाया था। उसने दो दिनों का मौन धारण कर लिया। किस – किस को क्या उत्तर दें? सबसे भली चुप, उसे यही एक मात्र हल सूझा ओर वह थके पाँव, भारी मन से चल पड़ा चित्तौड़गढ की ओर । उसे विश्वास था कि बहिन हंसाबाई और उसका पौत्र कुंभा कुछ तो सुनेगा ही।

चित्तौड़गढ आकर वह अपनी हवेली के एक एकान्त कक्ष में बैठ गया। बीजा राठौड़ प्याले पर प्याले भरे जा रहा था। रणमल का क्रोध पिछले कई दिनों से शान्त ही नहीं हो पाता था। बीजा और डोम ने बहुत प्रयत्न किए किन्तु रणमल का क्रोध शांत नहीं हुआ। अर्द्धरात्रि तक वह पीता रहा। जब रात ढ़लने लगी, तब उसने बीजा को संबोधित कर कहा –"बीजा। क्या तुम एक काम कर सकते हो?"

"हाँ, अन्नदाता। आप आज्ञा दें।" बीजा स्वयं भी खूब पी चुका था।

"आजकल राधा कहाँ है?"

"कौन सी राधा हजूर?"

"अरे, वही, चूण्डा की रखेल।"

"सुना है, इन दिनों वह साधुड़ी बन गई है। उसने चित्तौड़गढ छोड़ दिया है और इधर उधर गाँवों में डोलती रहती है।" बीजा इस प्रसंग की प्रासंगिकता नहीं समझ पाया।

"उसके एक लड़की हुआ करती थी। अब तो वह जवान हो गई होगी।"

"हाँ, अन्नदाता। आजकल वह लड़की महाराणा कुंभा की पटरानी अपूर्वादेवी की निजी सेविका के रूप में अपने दिन गुजार रही है।" बीजा को कुछ – कुछ समझ में आया।

"उसका विवाह हो गया या अभी तक माँ की तरह इधर – उधर डोलती रहती है।"

"अभी तक वह कुंआरी ही है, अन्नदाता।"

"उसका नाम क्या है, रे ।"

''भारमली। उसे भारमली के नाम से पुकारा जाता है, हुजूर।''

''हूँ....। तो सुन कल भारमली यहाँ होनी चाहिए।''

रणमल ने राघवदेव का क्रोध शांत करने हेतु भारमली की मांग कर दी। भारमली को लाने का बीड़ा बीजा राठौड़ ने उठा लिया।

क्रोध कुछ शांत हुआ और रणमल अपने पर्यंक पर लुढ़क गया। बीजा और डोम अपनी कार्य योजना बनाने अन्य कक्ष में चले गए।

दूसरे दिन संध्या के उपरान्त भारमली को किसी ने राजप्रासाद से बाहर बुलवाया। महारानी अपूर्वादेवी ने उसे शीघ्र लौट आने का आदेश दिया किन्तु महाराणा कुंभा ने इसी अवसर पर कहा – ''अरे कभी – कभी तो इन्हें भी अपने परिवार वालों के साथ रहने की अनुमति दे दिया करो।''

महारानी अपूर्वादेवी ने कहा – ''अन्नदाता। इसके है ही कौन। माता थी वह भी तीर्थाटन करने चली गई। जाते समय मुझे सौंप गई।''

''फिर भी किसी ने बुलवाया है तो, जाने दो उसे।'' कहकर महाराणा कुंभा कक्ष से बाहर चले गये।

भारमली भी प्रणाम कर प्रासाद से बाहर आई। वहाँ एक महिला उसकी प्रतीक्षा कर रही थी। उस महिला ने भारमली को सूचित किया कि उसकी माँ आई हुई है और वह अन्नपूर्णा के मंदिर में तुम्हें मिलने बुला रही है। माँ से मिलने को आतुर भारमली ने अपने कदम बढ़ाए। प्रासाद से कुछ आगे जाने पर सुनसान मार्ग में दो व्यक्ति मिले। उसमें से एक ने भारमली का मुँह बन्द किया और पास ही खड़े बन्द द्वार वाले रथ में उसे डाल दिया गया। उसके हाथ बांध दिये गए थे। मुँह में कपड़ा ठूँस दिया था। अनाथ भारमली शिकारी कुत्तों द्वारा रणमल के अन्तःपुर में पहुँचा दी गई और उस रात राघवदेव का क्रोध भारमली पर उतारा गया। बीजा राठौड़ और द्वारपाल डोम को भरपूर पारितोषिक दिया गया।

अगले दिन रणमल प्रसन्न मन से राजप्रासाद की ओर गया। महाराणा कुंभा ने अपने पिता का बदला लेने वाली सेना के कुशल नेतृत्व के प्रति रणमल को धन्यवाद दिया। इस शुभ अवसर पर रणमल ने अपना पासा फेंका। ''हुजूर। आप तो मुझ पर प्रसन्न हैं किन्तु

आपके राज्य के अन्य प्रभावी लोगों को संभवतया मेरी चित्तौड़गढ़ में उपस्थिति से ही चिड़ है। इसलिए चाहता हूँ कि आप मुझे स्वीकृति दे तो मैं अपने राज्य की ओर लौट जाऊँ।''

''यह कैसे हो सकता है, भैया?'' आपने मेरे पुत्र की मौत का बदला लिया और आप जाने की स्वीकृति मांग रहे हैं? कुंभा अभी – अभी नया शासक बना है। आपको चाहिए कि आप इसे संरक्षण दें।'' राजदादी हंसाबाई ने अपने भाई के प्रति कृतज्ञता के शब्द कहे।

''सो तो ठीक है, किन्तु यहाँ रूक कर ही क्या कर लूँगा? सारे राज्य में विद्रोही घुसे हुए हैं। स्वर्गीय महाराणा मोकल की हत्या करने वाले भी उन्हीं के बन्धुबांधव थे। ये लोग आज भी चूण्डा और राघवदेव को सत्ता में देखना चाहते हैं। मेरा यहाँ रूके रहना उन लोगों को अच्छा नहीं लगेगा, बहिन।''

''आप अपना सुझाव दें, हमारा संरक्षण करें और ऐसा प्रयास करें कि राज्य में सुख शांति बनी रहे। आप कुछ दिनों तक यहीं रहे, यह हमारी प्रार्थना है।'' कुंभा ने अपनी दादी की हाँ में हाँ मिलाई।

''यदि आप लोग वास्तव में मेरी यहाँ उपस्थिति चाहते हैं तो मेरे कुछ सुझाव है। आप उन पर विचार करके देखें।'' रणमल ने बड़ी चतुराई से अपना दांव चलाया।

''आप अवश्य कहें, भैया।'' हंसाबाई ने रणमल में रूचि दिखलाई।

''आपको पता है कि चित्तौड़गढ़ न केवल आपकी राजधानी है अपितु शासन के विद्रोहियों की भी राजधानी है। राज्य में पड़ने वाले डाकों, चोरियों एवं बलात्कार करने वालों के प्रमुख लोग यहीं निवास करते हैं। इसलिए आवश्यक है कि नगर की व्यवस्था ऐसे व्यक्ति को सौंपी जाए, जिसका यहाँ कोई भी सम्बन्धी नहीं हो। कई बार आपसी संबंधों के प्रभाव के कारण प्रशासक कठोर कदम नहीं उठा पाता है।'' रणमल ने अपना ध्यान युवक कुंभा के चेहरे पर केन्द्रित किया। कुंभा यह तो समझ चुका था कि रणमल जैसा धूर्त, बलशाली एवं कठोर व्यक्ति उसकी जानकारी में कोई भी नहीं था, तथापि दादाजी के समय से चले आ रहे इस प्रभावी सामन्त की उपेक्षा भी तो नहीं की जा सकती थी। उसने रणमल का मन रखने का यत्न करने के क्रम में पूछ लिया – ''आप किस तटस्थ व्यक्ति का नाम सुझाते है, श्रीमान्।''

"मैं चाहता हूँ कि वह व्यक्ति न सिसोदिया हो, न राठौड़। इन दोनों कुलों के अपने – अपने स्वार्थ है। अतः कोई दूसरे कुल का व्यक्ति इस पद के लिए उचित रहेगा।" रणमल ने निष्पक्षता का ढोंग किया।

"आप नाम सुझावे, पूज्यवर।" कुंभा ने सतर्क होकर पूछा।

"मेरी समझ में भाटी कुल का शत्रुशाल इस पद के लिए सर्वथा उपयुक्त होगा। यह व्यक्ति पढ़ा लिखा है, वीर है, साहसी है और कठोर निर्णय ले सकता है।" रणमल ने अपने आगमन का स्पष्ट अभिप्राय प्रकट किया।

"यह सुझाव बहुत अच्छा है, भाई। तुम्हारा क्या विचार है, कुंभकरण।" हंसाबाई ने पूछा।

"जैसी आपकी आज्ञा दादीजी।" कुंभा ने हाँ तो कर दी पर उसका मन नहीं माना।

"राणा जी। मुझे लगता है आपको कुछ संकोच हो रहा है।" रणमल की गिद्ध दृष्टि कुंभा के मन तक पैंठ गई।

"मुझे कोई एतराज नहीं हैं किन्तु एक ही बात थी।"

"क्या।" रणमल ने पूछा।

"यही कि इस नियुक्ति में हम राघवदेव जी को भी पूछ लेते तो ठीक रहता।" कुंभा ने अपने मन का संशय प्रकट किया।

"यही तो मूल जड़ है। समस्त विद्रोहों की यही तो जड़ है पुत्र। यह व्यक्ति कभी नहीं चाहेगा कि आप स्वतंत्र निर्णय ले सके। आप आश्रित रहने के विचार छोड़ दें। आपको चाहिए कि आप स्वतंत्र निर्णय लें। शत्रुशाल की नियुक्ति का निर्णय आपका निर्णय है। आप उन्हें कह सकते हैं कि तटस्थ व्यक्ति ही सही प्रशासन दे सकता है।" रणमल ने अपना बाण चलाया। कुंभा परास्त हुआ। कुंभा कह उठा – "ठीक है, मुझे आपका सुझाव स्वीकार है। कल आदेश प्रसारित हो जाएगा।"

इस आदेश की तीव्र प्रतिक्रिया हुई। एक विदेशी को राजधानी के दरवाजे की चाबियाँ सौंप दी जाए, जिसे चाहे उसे गिरफ्तार करने की निरंकुशता का अधिकार उसे दे दिया जाए, नागरिक सुरक्षा के नाम पर जिसके घर पर चाहे पहरा बिठा दिया जाए, आदि ऐसे विषय थे, जिन पर आम आदमी चर्चा करने लगा था। दुर्ग पर रह रहे सामन्तों

में आपस में चर्चा हुई। जो लोग राघवदेव के पक्षधर थे, वे उनके आवास पर एकत्रित हुए। सभी ने महाराणा के आदेशों की भर्त्सना की।

"आप कुछ करिए, राघवदेव जी। आपका मौन ही हमें यह सब कुछ सहन करने हेतु विवश कर रहा है।" एक सामन्त ने विनम्रतापूर्वक राघवदेव का ध्यान अपनी ओर खींचा।

"भाई ! मैं क्या कर सकता हूँ। सामान्य प्रशासन में हम अपना हस्तक्षेप नहीं कर सकते हैं। यदि किसी सेना के साथ युद्ध हो, भूमि की अदला बदली हो, कहीं संधियाँ करनी हो तो हमें पूछे बिना कुछ भी नहीं हो सकता है, किन्तु यह मामला एक अधिकारी की नियुक्ति का है।" राघवदेव ने अपनी वैधानिक स्थिति का निरूपण किया।

"अरे राघव ! क्या तू सिसोदिया होकर इन राठौड़ों की चालों के आगे ऐसे ही झुकता जाएगा। रणमल मण्डोर का राजा बना फिरता है? इसका यहाँ क्या काम है? अपना देश छोड़कर यहाँ क्यों पड़ा हुआ है? सुना है इसका बेटा जोधा भी यहाँ आ गया है।" एक वृद्ध सिसोदिया ने राघवदेव को फटकारा।

"राघवदेव जी। आप हमसे बड़े हैं किन्तु आपको यह तो दिखाई देता है कि प्रशासन के समस्त ऊँचे पदों पर राठौड़ों का राज है। कहीं ऐसा न हो कि एक दिन राणाजी की राज्य गद्दी पर कोई राठौड़ बैठ जाए। क्या आप उस समय तक चुप बैठे रहेंगे, जब तक यह राज्य – सत्ता पूरी तरह उनके हाथों में नहीं चली जाए? इनका इतिहास बताता है कि ये लोग जहाँ भी बैठे उसे ही हड़प लिया। इनके पूर्वजों को पाली परगना के ब्राह्मणों ने अपने यहाँ आश्रय दिया और ये लोग पाली को दबाकर बैठ गए। मण्डोर से पड़िहारों को भगा दिया और इन दिनों इनका पड़ाव मेवाड़ में हैं।" एक युवा सामन्त ने अपनी वेदना प्रकट की।

"मैं मात्र दर्शक नहीं हूँ। मैंने कल ही महाराणी जी से इस विषय पर चर्चा की थी। मैंने उन्हें समझाया था कि इन रेगिस्तान के ऊँटों को मेवाड़ की हरियाली अच्छी लगने लगी है। कुंभा अभी युवक है, वह मेरी बातों में हाँ करता गया किन्तु शत्रुशाल भाटी की नियुक्ति – आदेश को उलटने के लिये वह तैयार नहीं था।"

"जो भी हो, आप करें। हम सभी समान्त आपके साथ है। आप चाहें तो पूज्य चूण्डा जी को माण्डू से बुलवाया जाए। वे ही हमारे एक मात्र रक्षक है।" वृद्ध सामन्त ने कहा।

''उन्हें सूचना भेज दी गई है। उन्होंने सारी परिस्थितियों का आकलन भी किया है। उनका कोई न कोई समाचार भी आना चाहिए।'' राघवदेव ने संक्षिप्त उत्तर दिया।

''चूण्डा जी को किस बात की कमी है। माण्डू का सुल्तान उन्हें सिर आँखों पर रखता है। सुना है उन्हें एक सौ एक गांव जागीर में दिए हैं। उनके भाई अज्जा और कांधल सहित सभी पुत्रों के साथ वे माण्डू में सुखपूर्वक अपना समय काट रहे हैं और यहाँ हम अपने ही घर में पराए हो गए हैं।'' एक सामन्त ने अपनी उपस्थिति अंकित की।

उसे देख अब तक चुप बैठा दूसरा सामन्त कहने लगा – ''राघवजी, यही बात हमने स्वर्गीय मोकल जी से कही थी। हमने उन्हें कहा था कि इन राठौड़ों का विश्वास मत करो किन्तु वे रणमल के चंगुल से अपने आप को अलग नहीं कर पाए। चाचा और मेरा ने तो उनका काम ही तमाम कर दिया किन्तु बात वहीं की वहीं है।''

''यह तो हमारा सौभाग्य था कि कुंभा बच गया और आपने अपने अधिकार का प्रयोग कर उन्हें महाराणा पद पर बिठा दिया। यह भी ठीक रहा कि रणमल उस समय यहाँ नहीं था, अन्यथा वह भी कोई न कोई बखेड़ा कर बैठता।'' एक अन्य सिसोदिया कूक उठा।

''सो तो सब ठीक है, परन्तु अब क्या किया जाए? आगे की योजना पर विचार करें, राघव जी।'' सामन्तों में से एक बोल उठा।

''आप अब तक चुपचाप तरीके से महाराणा को समझाते रहे। अब समय आ गया है कि हम राज्य परिषद् में खुले रूप में महाराणा द्वारा की गई इस नियुक्ति का विरोध करें। राघवदेव जी आप इसमें अगुआई करें, हम सभी आपके साथ रहेंगे।'' उसी वृद्ध सामन्त ने अपना अंतिम निवेदन राघवदेव जी ने किया।

''मैं आपकी भावना समझता हूँ। आपके सहयोग से हम इस विषय पर अवश्य ही विजयी होंगे। आप चिन्ता नहीं करें।'' राघवदेव जी ने संक्षिप्त बैठक का समाहार किया। सामंतगण आपस में ''जय एकलिंएजी की'' कह कर विदा हुए।

उधर रणमल को सूचना मिल गई कि कई सामन्त आज राघवदेव जी के आवास पर एकत्रित हुए और उन्होंने आपस में कोई न कोई चर्चा की है। भाटी शत्रुशाल रणमल के सेवक के रूप में चित्तौड़गढ़ नगर के तलारक्ष का कार्यभार वहन करने लगा। नगर की समस्त सूचनाएं सर्वप्रथम रणमल के पास पहुंचती और जिन सूचनाओं को आवश्यक

समझा जाता उन्हें ही महाराणा जी तक पहुंचाई जाती थी। इस प्रकार महाराणा कुंभा के राज्य के प्रारम्भिक वर्षों में सामन्त दो भागों में बंट गए। एक का नेतृत्व कर रहा था रणमल और दूसरे गुट का नेतृत्व था राघवदेव के कंधों पर।

इस कशमकश के बीच महाराणा कुंभा का जन्म दिन आया। प्रथा के अनुसार सभी सामन्त एवं अधिकारी महाराणा कुंभा के अच्छे जीवन एवं स्वास्थ्य की शुभकामना देने राजप्रासाद गए। दोपहर का समय पूजा, हवन, दान–दक्षिणा के निमित्त तय किया गया। राघवदेव का स्वास्थ्य आज के दिन कुछ नरम था, फिर भी वह प्रातःकाल राजप्रासाद गया और महाराणा जी को प्रणाम निवेदन कर रिवाज के अनुसार अपनी ओर से उपहार भेंट कर आया। महाराणा जी ने अनुभव किया कि राघवदेव जी अस्वस्थ हैं, अतः उन्हें संध्या के दरबार में उपस्थित न होने की सलाह दे दी। उन दिनों शुभ अवसरों पर राणा जी की ओर से सामन्तों और अधिकारियों को सरपाव (पद के अनुरूप वेशभूषा और कंठी, गोप, कड़े जैसे आभूषण) दिये जाने का रिवाज था। यह भी तय रहा कि यदि राघवदेवजी संध्या को दरबार में उपस्थित नहीं हो सके तो सरपाव उनके आवास पर भेज दिया जाए।

राघवदेव जी वास्वत में नहीं आए। योजनानुसार सरपाव एवं मिठाईयों के थाल राघवदेव जी के आवास पर भेज दिए गए। दुर्गपाल शत्रुशाल को आदेश दिया कि वह अपने सैनिकों के साथ राघवेदव जी के आवास पर जाकर उन्हें सरपाव देकर आए। आज्ञानुसार शत्रुशाल भाटी ने ग्यारह थालियों में सजी सामग्री को अपने सेवकों के सिर पर लदवाकर राघवदेव जी के आवास की ओर प्रस्थान किया। अपने साथ इन ग्यारह सेवकों के साथ दस – बारह अतिरिक्त सैनिकों को भी ले लिया गया। सामग्री राघवदेव जी के आवास पर पहुँची। सभी सैनिक अपने – अपने घोड़ों से उतरे और द्वारपाल को शत्रुशाल के माध्यम से महाराणा द्वारा भेजी गई सामग्री की सूचना दी गई। राघवदेव जी ने अस्वस्थ होते हुए भी अपने आवास के मंत्रणाकक्ष में सामग्री को पहुंचाने का आदेश दिया। उस समय यह भी प्रथा थी कि यदि कोई सम्मानजनक वस्तु भेंट में आती तो भेंट स्वीकारने वाला स्वयं अपने हाथ से ग्रहण करता था। यदि पोषाक भेंट में आती तो यह परंपरा भी थी कि उसे तत्काल सम्मान के साथ धारण किया जाता था। राघवदेव अपने कक्ष में उपस्थित हुए। कक्ष यद्यपि बहुत बड़ा नहीं था तथापि आए हुए सभी सेवक एवं सैनिकों के बैठने की पर्याप्त जगह थी। राघवदेव ने अपने सेवकों को आंगतुकों के निमित्त जलपान की व्यवस्था करने का आदेश दिया और स्वयं पोशाक पहनने लगे। सर्वप्रथम

उन्होंने अंगरक्षिका को उठाया और सिर से छुआकर आदर प्रकट किया। तत्पश्चात उसकी बाहों में दोनों हाथ डाले।

किन्तु, बाहों के मुँह सिले हुए थे। राघवदेव के दोनों हाथ अंगरक्षिका में फंस गए। इसके पहले कि वे अपने हाथ निकाल कर अपनी तलवार हाथ में लें, शत्रुशाल के दो सैनिकों ने अपनी कटारे राघवदेव के पेट में घोंप दी। सभी लोग तत्काल बाहर निकल भागे। चूण्डा का भाई, राज्य का संरक्षक एवं सत्य का आचरण करने वाला राघवदेव बिना कुछ बोले फर्श पर लुढ़क गया। सिसोदियों का संरक्षक, वीर योद्धा और पवित्रता का मूर्तिमंत स्वरूप सदा के लिए उठ गया। राज्य सत्ता का त्याग कर स्वयं को विस्थापित स्वरूप देने वाले चूण्डा के भाई के इस हृदय – द्रावक अंत का समाचार जंगल में लगी आग की भाँति चारों और फैल गया। शत्रुशाल ने नगर की व्यवस्था कड़ी कर दी। वातावरण में विष घुल गया। सोहार्द्र, अपनत्व और शालीनता जैसी स्वभाविकताएं प्रतिशोध, वैमनस्य और सत्ता की लिप्सा की आग में झुलस चुकी थी। किसी प्रकार तेरह दिन व्यतीत हुए। इन दिनों में चित्तौड़ दुर्ग अफवाहों, व्यंग्यवार्ताओं और आपसी कहासुनी की घटनाओं से गर्म हो गया। इसी बीच यह भी समाचार फैला कि महाराज चूण्डा अपने भाई का प्रतिशोध लेने माण्डू से सेना लेकर चित्तौड़गढ़ आ रहे हैं। रणमल के आवास पर कड़ी सुरक्षा का प्रबन्ध था।

सब कुछ शान्त जैसा दिखाई देता था। कुछ नंगे साधुओं का एक दल गली –गली में जाकर रणमल को, उसके राठौड़ वंश को और महाराणा कुंभा को गालियाँ अवश्य दे रहा था। महाराणा की अकर्मण्यता की आलोचना सर्वत्र होने लगी थी। सिसोदिया वंश के शासन में उन्हीं के कुल प्रमुख की हत्या करना और महाराणा का अपने पिता के ननिहाल वालों के चंगुल में फंसा होने की चर्चाएं हर गली मोहल्ले में होती रही। राघवदेव की हत्या के तेहरवें दिन एक जटाजूटधारी युवक के नेतृत्व में साधुओं की जमात भी पगड़ी बांधने के दस्तूर में सम्मिलित हुई। सभी परम्पराएं तोड़ कर इस युवा सन्यासी ने सर्वप्रथम अपने हाथ से राघवदेव के पुत्र के सिर पर पगड़ी बांधी। इस सन्यासी ने राणाजी की ओर से आई पगड़ी को भी दूसरा स्थान दिया। सन्यासियों की जमात ओर कोई उपद्रव न कर बैठे, इस कारण उस सन्यासी, जो मौन व्रत रखे हुए था, को पगड़ी पहनाने का प्रथम अधिकार दिया गया।

साधु बड़ा ही उग्र था। उसने लिखित में अपना रोष प्रकट करते हुए महाराणा से मिलने की अनुमति चाही। महाराणा की ओर से सन्यासियों की पूरी जमात को अन्नपूर्णा मंदिर में तीन दिन विश्राम करने की आज्ञा दे दी गई। तीन दिनों के पश्चात् उन्हें मिलने का समय दे दिया गया। इस बीच रणमल एवं उसके गुप्तचरों ने बहुत प्रयत्न करके सन्यासियों का क्रोध शांत करने की चेष्टा की परन्तु सब कुछ व्यर्थ हो गया। इस बीच एक घटना और हुई। उसे घटना ही कहा जाएगा कि वर्षों पूर्व चित्तौड़गढ़ छोड़कर वनों में तपस्या करने गई राधा जोगन पुनः दुर्ग पर आ गई। राधा चित्तौड़गढ़ आकर अपने अन्नपूर्णा मंदिर के समीप वाले आवास में स्थित हो गई। राठौड़ों को इस महिला का आगमन अच्छा नहीं लगा। अच्छा और बुरा व्यक्ति के स्वार्थ होते है, घटनाएँ नहीं। राघवदेव की मृत्यु अच्छी थी या बुरी इसका निर्णय सिसोदियों और राठौड़ों को करना था। राधादेवी का जोगण के वेश में इन्हीं तेरह दिनों की अवधि में चित्तौड़गढ़ आना, कुछ लोगां के लिए अशुभ माना गया। अपना – अपना दृष्टिकोण ही भले – बुरे जैसे विशेषणों का प्रयोग करता है।

12

युवक राणा कुंभा अपने कक्ष में इधर उधर चक्कर लगाने में तल्लीन था। महाराणी अपूर्वादेवी की हिम्मत ही नहीं हो रही थी कि वे कुछ बोलें। कई पल बिना वार्ता के यों ही गुजर गए। यकायक महाराणा कुंभा रूके और बहुत ही गंभीर स्वर में बोल उठे –

''रानी जी।''

''हाँ'', स्वामी।

''आज मेरा मन साफ नहीं है।''

''मैं समझ सकती हूँ, अन्नदाता।''

''मेरा सिर फटा जा रहा है। मैं अपने विचारों को आखिर कब तक दबा कर रखूँगा।''

''आप विश्राम करें, देव। यदि उपयुक्त पात्र समझे तो मुझे अपने मन की बातें बतावें। स्वामी, बांटने से दुःख हल्का हो जाता है।'' महारानी के आग्रह पर युवक कुंभकरण पलंग पर लेट गए। रानीजी उनका सिर दबाने लगी।

''पूज्य राघवदेवजी की हत्या और चुप बैठे रहना लोगों को उचित नहीं लग रहा है, रानीजी।''

''इसमें आपका दोष उतना नहीं है जितना दुर्ग के तल्लारक्ष शत्रुशाल का। स्वयं उसके समक्ष उसी के सेवक हत्या करें और वह उन्हें पकड़ नहीं सके – ये तथ्य विचारणीय तो है ही।''

''विचारणीय यह भी है कि इस देश का सन्यासी वर्ग मेरे विरूद्ध खड़ा हो गया है। यह वर्ग गाँव – गाँव जाकर मेरी नपुंसकता का बखान करेगा और मैं यहाँ दादीजी के भाई के विरूद्ध कुछ भी करने की स्थिति में नहीं हूँ।'' कुंभा ने अपनी विवशता को प्रकट किया।

''स्वामी ! यदि बुरा नहीं माने तो एक बात कई दिनों से कहना चाहती हूँ और आशा करती हूँ कि आप उसे अन्यथा नहीं लेंगे।''

''आप ही मुझे नहीं कह सकेगी तो मुझे उचित बात कौन बताएगा?'' महाराणा का ध्यान रानीजी के चेहरे के उतार चढ़ाव पर चला गया।

''आप स्वतन्त्र निर्णय नहीं कर पा रहे हैं।''

''कैसे?''

''आप वृद्ध लोगों की गरिमा के समक्ष उचित – अनुचित का निर्णय नहीं कर पा रहे हैं।''

''कोई उदाहरण देकर बताओ, राणाजी।''

''मैं दो उदाहरण देना चाहूँगी। आपके पूज्य पिताजी की हत्या के बाद चाचा और मेरा को पकड़ने जिस सेना को भेजा, उनके साथ रणमल जी को नहीं भेजना था। चाचा और मेरा की हत्या सेना ने की, उन पर दबाव सेना ने डाला किन्तु श्रेय मिला रणमल जी को और यहीं कारण है कि दादी माँ हंसाबाई ने अपने भाई को सर्वाधिक महत्व देना आरम्भ कर दिया।

दूसरा उदाहरण भाटी खानदान के शत्रुशाल को इस दुर्ग का दुर्गपाल बनाया जाना है। आपने यह निर्णय रणमल जी की महानता और दादी माँ के कहने के दबाव में लिया। यह निर्णय आपका निर्णय नहीं था।''

''आपने मेरे द्वन्द्व को ठीक समझा, देवी। बड़ों का सम्मान अपनी जगह है किन्तु बड़े लोग अपने सम्मान का प्रयोग स्वयं के स्वार्थों की पूर्ति में करने लगे, तो जानते हुए भी हम जैसे अल्पवयस लोगों को सम्मान देने की परम्परा के कारण उनकी बात सुननी पड़ती है।'' महाराणा कुछ क्षणों के लिए पूर्व घटित घटनाओं में खो गए।

''अन्नदाता। आप सभी की सुने, किन्तु करे वही जो राज्य हित में हो। मुझे कुल मिलाकर इस प्रश्न का उत्तर नहीं मिल पा रहा है कि रणमल जी और उनका पुत्र जोधा अपना राज्य छोड़कर यहाँ मेवाड़ में क्यों पड़े हैं? कहीं ऐसा तो नहीं कि कालान्तर में मेवाड़ राज्य अपने आप में मंडोर राज्य का एक परगना बनकर रह जाए।'' महाराणी ने खुलकर अपनी बात कही।

''जब आपने आशंका व्यक्त कर ही दी है तो मैं भी आपसे अपनी योजना का एक भाग प्रकट कर रहा हूँ। जिस दिन राघवदेवजी की हत्या हुई मैं समझ गया कि इसमें रणमल जी का हाथ है। देलवाड़ा से चाचा और मेरा के संरक्षण में पल रही लड़कियों को राघवदेव जी उठा लाए थे। रणमल जी उनसे इसी कारण अप्रसन्न थे और इसकी परिणति राघवदेव जी की हत्या के रूप में सामने आई। मैं स्वयं अनुभव कर रहा हूँ कि राठौड़ों का प्रभुत्व अपने राज्य में आवश्यकता से अधिक बढ़ गया है। आपकी आशंका निर्मूल नहीं है, देवी।''

''जब आपको पता है कि समस्त अनर्थों की जड़ रणमलजी एवं उनके लोग है तो उसका प्रतिकार क्यो नहीं करते हैं?'' महारानीजी ने राणाजी की दुखती रग पर अंगुली रखी।

''मैंने इस पर भी विचार कर लिया है। राघवदेव जी की हत्या के दिन ही मैंने अपने गुप्तचरों के माध्यम से माण्डू समाचार भेज दिया था। मैंने महाराज चूण्डाजी से प्रार्थना की है कि वे चित्तौड़गढ़ आवें और राठौड़ों के बढ़ते प्रभाव को रोके। मैं आशा कर रहा हूँ कि वे इस समय मुझे अपना संरक्षण अवश्य ही प्रदान करेंगे।''

महाराणा कह तो गए पर उन्हें लगा कहीं महाराणी उनकी योजना को प्रकट नहीं कर दें। उनके चेहरे पर संकोच के भाव उभर आए।

''आप स्वयं प्रतिकार क्यों नहीं करते है इन राठौड़ों का।'' महारानी अपूर्वादेवी का मुखमण्डल अधिक लाल हो उठा।

''देवी। मैंने जो कुछ सोचा है, मुझे करने दो। राजनीति की वीथियाँ इतनी सरल नहीं है। कौनसी पगडंडी कब राजमार्ग में बदल जाए या कौनसा राजमार्ग कब पगड़ंडी बन जाए इसका कुछ भी अता पता नहीं लगता है। कई बार राजनीति में बाढ़ें, तूफान और भूकम्प भी आते हैं। इसके आने पर सब कुछ उलट जाता है। इसलिए महाराज चूण्डा ही वर्तमान की समस्या का एक मात्र विकल्प है। उन पूज्यवर की प्रतिज्ञा देखिए कि बिना निमन्त्रण के वे अपने सगे भाई की मृत्यु पर शोक प्रकट करने तक नहीं आए। महाराणा कुंभा की वाणी भारी हो गई।

''उनके जैसा त्याग कौन कर सकता है, देव।'' महाराणी अपूर्वा ने उनके सम्मान में हाथ जोड़े।

''राणी जी, वे चाहते तो दादा जी की मृत्यु के बाद स्वयं महाराणा बन जाते। उनके भाई राघवदेव जी चाहते तो पूज्य पिताश्री की हत्या से बच निकलने पर मेरी हत्या कर शासन अपने हाथ में ले लेते। इन दोनों भाईयों के त्याग और आत्म नियंत्रण जैसे गुणों की जितनी प्रशंसा की जाए कम है। राज्य लक्ष्मी ठीक उसी प्रकार है मानों किसी युवक की गोद में कोई युवती बैठी हो किन्तु महाराज चूण्डा एवं राघवदेवजी ने अपने मन को कभी भी कलुषित नहीं होने दिया।''

''यह सच है, स्वामी। अपने कुल की मान मर्यादा के वे कीर्ति स्तम्भ है। वे आलोक वितरण केन्द्र है। आने वाली पीढ़ियाँ इनके चरित्र को सुनकर सदा स्वयं पर गर्व करेगी।'' महाराणी ने अपनी बात पूरी की ही थी कि एक दासी कक्ष के द्वार पर आहट कर भीतर आई।

''कहो भारमली। क्या बात है।'' महारानी ने पूछा।'' अन्नदाता बाहर बैठक में कोई सन्यासी अपने दो शिष्यों के साथ आपकी प्रतीक्षा कर रहे हैं।'' भारमली ने संक्षिप्त उत्तर दिया।

''उन्हें आदर के साथ बिठाओं और उनके लिए जलपान की व्यवस्था भी कराओ।'' महारानी ने भारमली को आदेश देकर कुंभा से पूछा – ''स्वामी। यह सन्यासी कौन है?''

''साधुओं की कोई जात नहीं होती है, देवी।'' राणा ने संक्षिप्त उत्तर दिया।

''मैं इसलिए पूछ रही हूँ कि यह साधु बड़ा विचित्र है। राघवदेव जी की मृत्यु के बाद वह यहाँ आया और चित्तौड़गढ़ में खुले आम राठौड़ों को उनकी हत्या का दोषी बता रहा था। यहाँ तक कि आप द्वारा कोई कदम नहीं उठाए जाने की भी आलोचना करता था। क्या यह सचमुच में कोई करामाती साधु है जो राज्य तन्त्र से भी नहीं डरता है?''

''यह तो साधुओं की विशेषता ही होती है जो सत्य को सत्य कह सकते हैं। आम आदमी तो अपने स्वार्थ के हित अथवा अनहित के आधार पर अपने निर्णय लेता हैं।'' – कुंभा ने कहा।

''मुझे यह भी समझ नहीं आया कि राघवदेव जी के तेरहवें दिन जब पगड़ी दस्तूर किया गया, तब उस सन्यासी ने सर्वप्रथम अपनी ओर से पगड़ी बंधवाई। आपकी पगड़ी जो कि सर्वप्रथम बंधनी चाहिए थी, उसे दूसरा स्थान दिया गया। साधुओं का पगड़ी के

दस्तूर में इस प्रकार का हठ करना विचित्र लगता है।'' रानी जी ने अपनी बात कही। महाराणा अपने पलंग से उठे, और अपना उत्तरीय ठीक से सजाने लगे।

''आओ अपूर्वाजी। आप स्वयं देख लें कि वह सन्यासी कैसा है?'' महाराणा जी और राणीजी आगंतुक कक्ष में पहुंचे। तीनों साधुओं ने उठकर महाराणा और महाराणी का स्वागत किया। परस्पर कुशलक्षेम पूछने के बाद अब तक मौन साधे युवा सन्यासी ने अपना मुंह खोला।'' ''राजन। तेरे राज्य में अन्याय पनप रहा है और तू आँखें मूँद कर बैठा है।'' महारानी को सन्यासी का सीधा आक्रोश ठीक नहीं लगा।

''स्वामी जी, आप कुछ उदाहरण देकर बताएं तो मैं भी अपनी ओर से कुछ कहूँ।'' कुंभा कुछ गंभीर हुआ।

''तुम्हारे दादा जी के ससुराल वाले यहाँ क्या कर रहे हैं? ये अपने देश मारवाड़ में नहीं रहकर मेवाड़ में क्या कर रहे हैं?'' बिना किसी भूमिका के साधु ने सीधा प्रश्न पूछा।

''इन्हें मेरे दादा जी ने चालीस गाँवों की जागीर दी थी। यह जागीर आज भी उनके पास है। अतः उनका यहाँ रहना अनुचित तो नहीं।''

''मेवाड़ की सेना लेकर उन्होंने अपना मण्डोर राज्य प्राप्त कर लिया। अब उनका यहाँ जागीरदार की भांति रहना कैसे उचित है? या यों कहें कि मण्डोर राज्य मेवाड़ का एक परगना है।'' सन्यासी ने महाराणा के चिन्तन की धारा को सपाट पकड़ लिया।

''उनके यहाँ रहने न रहने से साधुओं का क्या आता जाता है? ये राजकीय कार्य है। उनके यहाँ रहने से आपको यदि कोई नुकसान होता है तो कहें।'' महाराणा ने विषय बदला।

''हम सभी साधु मेवाड़ की अवगति नहीं देख सकते हैं।'' एक साधु बोल उठा। इस साधु की उम्र कोइ अठारह–बीस वर्ष होगी।

''आप तो सारे संसार के हित की सोचते हैं मात्र मेवाड़ तक ही आप क्यों सीमित हैं?''

महारानी ने भी अपने मन की बात पूछी।

''महाराणी जी। आप राठौड़ों की मेवाड़ में उपस्थिति का कोई औचित्य नहीं दे पायी है और अब आप हमारी मेवाड़ भक्ति की ओर अंगुली उठा रही है। सुनिए, हम सभी देशों

के है किन्तु मेवाड़ मे ही चूण्डा जैसे लोगों ने जन्म लिया है, इसलिए हमारी भक्ति इस देश के लिए है। हम आपको यह बताने आए हैं कि आने वाले समय में रणमल महाराणा होगा और आज का कुंभा या तो मारा जाएगा या किसी काल कोठरी में अपने दिन काटेगा। यदि बुद्धि हो तो समय का आकलन करें, देवी।'' युवा सन्यासी चुप हुआ।

''एक बात ओर पूछना चाहती हूँ, अन्नदाता।'' महाराणी ने कुंभा से अनुमति चाही।

''पूछो देवी।''

''इन सन्यासियों का राघवदेव जी की पगड़ी दस्तूर के अवसर पर फसाद करने का क्या अर्थ था?'' महाराणी अपूर्वादेवी का चेहरा दमक उठा।

''इसका उत्तर भी मेरे पास हैं। मैं अभी कुछ क्षणों के बाद आपके प्रश्न का उत्तर दूंगा किन्तु आप अन्यथा नहीं लें तो एक बात आपसे भी पूछना चाहूँगा।'' युवा सन्यासी पुनः बोला। उसकी लंबी घनी दाढ़ी एक बार फिर लहर उठी।''

''पूछे, स्वामीजी।''

''आपकी दासी भारमली की माँ कौन हैं?''

''यह तो हमें पता नहीं किन्तु उसे राधादेवी ने पाल पोस कर बड़ा किया है।''

''आपने बिना माँ की उस लड़की को तो पूरा संरक्षण दिया है?''

''उसे हमारी जानकारी में तो कोई कष्ट नहीं है। खाने–पीने, रहने की सभी सुविधाएं, उसे दे रखी है।'' महाराणी इस असामयिक प्रसंग से कुछ विचलित हुई।

''वह इन दिनों वृद्ध रणमल जी की रखेल है। क्या यह उसकी इच्छा से या आपकी सहमति से हुआ है?'' युवा सन्यासी का स्वर कुछ कठोर हुआ। उसके प्रश्न पर महाराणा और महाराणी चौंके।

''आप भी क्या प्रसंग ले बैठे, सन्यासी जी।'' कुंभा ने प्रसंग को टालना चाहा किन्तु सन्यासी टस से मस नहीं हुआ। वह कहता गया –

''आपको राधादेवी ने धरोहर सौंपी थी। उस धरोहर की रक्षा मेवाड़ की महाराणी नहीं कर पाई। उसे रणमल के लोग उठा ले गए और रणमल की पासवान बना दिया। आपने क्या किया? लगता है यह राज्य महाराणा का न होकर रणमल का है। उसका हितैषी

शत्रुशाल भाटी यहाँ का किलेदार है। यहाँ के सिसोदियों की गतिविधियों पर दृष्टि रखी जाती है। आप किस अर्थ में महाराणा है? केवल नाम आपका है और शासन रणमल का। क्या मैं गलत कह रहा हूँ, राणा जी?''

''भैया मुझे क्षमा करो। अब बताओ कि ताऊजी माण्डू से कब यहाँ पधार रहे हैं।'' महाराणा ने इस संबोधन से अपूर्वादेवी आश्चर्य में पड़ गई।

''मैं वही तैयारी देखने आया हूँ। आपका संदेश उन्हें मिल गया था।'' युवा सन्यासी नरम पड़ा। महाराणी का आश्चर्य और बढ़ गया।

''और इस एका (एकनाथ महाराणा मोकल के हत्यारे का पुत्र) और महीपसिंह (अजमेर के श्रीनगर का ठाकुर यह व्यक्ति चाचा और मेरा के साथ था) को साथ लेकर क्यों घूम रहे हैं? इन दुष्टों के कारण ही तो मेरे पिताश्री की हत्या हुई थी।'' महाराणा कुछ क्रोधित हुए।

अपूर्वादेवी धीरे – धीरे सब कुछ समझ गई।

''पूज्य पिताजी श्री चूण्डा जी ने इन दोनों को आपकी शरण में भेजा है। जब से लोग माण्डू पहुंचे तो इन्होंने वहाँ शरण मांगी किन्तु पिताजी ने इन्हें साफ बता दिया कि ये मेवाड़ के अपराधी हैं। अतः इन्हें मेवाड़ के महाराणा ही क्षमा कर सकते हैं या दण्ड दे सकते हैं। यह काम पिताजी ने मुझे सौंपा कि इन्हें बिना राठौड़ों को बताए आप तक पहुँचा दूँ। मैंने अपना दायित्व पूरा किया। अब आप जैसा चाहे, वैसा इन दुष्टो के साथ व्यवहार करें।'' युवा सन्यासी ने महाराणा की ओर घूर कर देखा।

''भैया कांधल। चूण्डाजी जैसा न हुआ है, न होगा। यदि उनके मन मे पाप होता तो इन दुष्टों को अपने पास ही रख लेते। मैं दोनो अपराधियों के अपराधों को क्षमा करता हूँ और इन्हें खुले रूप से मेरे अंगरक्षकों की सेना में स्थान देता हूँ।''

''हमें क्षमा करना महाराणा जी। हम आपको नहीं समझ पाए।'' दोनों साधुओं की आँखों से अश्रुधाराएं बह उठी। उन्होंने महाराणा के चरणों में अपने सिर रख दिए। बड़ी कठिनाई से एकनाथ और महीपसिंह शांत हुए।

''क्या मैं इसका उत्तर दूँ, महाराणी जी कि मैंने पगड़ी के दस्तूर में हठ का आश्रय क्यों लिया?'' चूण्डा पुत्र कांधल ने महाराणी से प्रश्न पूछा।

''मुझे क्षमा करें, ज्येष्ठ जी। मैं आपको पहचान नहीं पाई। हो सकता है मैंने आपको कुछ अभद्र कह दिया हो। मैं आपसे क्षमा चाहती हूँ।'' महाराणी ने हाथ जोड़कर क्षमा याचना की।

''एक अंतिम निवेदन ओर।''

''कहें, भैया।''

''मेरा परिचय आप अभी किसी को नहीं दे। मैं इसी समय चित्तौड़ छोड़ रहा हूँ। एका और महीपसिंह आपके पास प्रकट रूप में रहेंगे। मैं चाहता हूँ कि हम यह पता करें कि राठौड़ों की इस प्रकरण पर क्या प्रतिक्रिया होती है। मैं शीघ्र ही पूज्य पिताश्री को लेकर आपकी सेवामें उपस्थित होऊंगा। आप सतर्क रहें, महाराणा जी। एका और महपा आपके साथ लगे रहेंगे। देवी अपूर्वा ! अन्तःपुर की छोटी से छोटी बारिकियों पर आप ध्यान दें। शत्रुओं का कुछ भी विश्वास नहीं है।'' कांधल ने अपना वक्तव्य पूरा कर महाराणा को प्रणाम कर विदा ली।

उसी दिन सन्यासियों का टोला चित्तौड़ छोड़ कर चला गया।

जैसा कि अनुमानित था, एका और महपा पंवार की चित्तौड़गढ़ में उपस्थिति सबके लिए आश्चर्यजनक घटना हुई। रणमल, बीजा राठौड़ और शत्रुशाल भाटी की तिकड़ी ने अपनी बैठक की। बैठक मे मदिरा के दौर चलने लगे। भारमली इन दिनों रणमल के अंतरंग कक्ष की प्रमुख सदस्या बन चुकी थी। पहरे पर डोमराज सदा की भांति सतर्क थे। भीतर वार्ताओं के दौर चल रहे थे। भारमली इनकी वार्ताओं को ध्यानपूर्वक सुनती जाती थी और मदिरा के रिक्त पात्रों को पूर्ण करती जाती थी। उस वासंती रात में रणमल अपनी उम्र की तुलना में कुछ अधिक ही पी गया था। वह बहक रहा था। बीजा राठौड़ अपने नेता की पदचस्पी किए जा रहा था। रणमल ने कहना आरंभ किया –

''इस मूर्ख छोकरे को देखो। राणा बनता फिरता है और अपने बाप के हत्यारे के पुत्र को अपना अंगरक्षक बना लिया है। मेवाड़ के प्रधानमंत्री पद का दावेदार महपा भी अंगरक्षक है। बुद्धि फिर गई है कुंभा की।''

''सुना है चूण्डा को माण्डू से बुलवाया जा रहा है।'' अंगरक्षक शत्रुशाल ने अपना मदिरा पात्र गले में उड़ेलते हुए कहा।

''आप कुंभा को मना क्यों नहीं करते हैं। वे चाहे तो चूण्डा का आना रोक सकते हैं। आप हंसाबाई की भी सहायता ले सकते हैं।'' बीजा राठौड़ पदचम्पी के साथ – साथ शराब की प्यालियाँ भी खत्म करता जा रहा था।

''इन मूर्खों को कभी भी अच्छी बात ठीक नहीं लगती है। मैंने और हंसाबाई ने कल रात कुंभा से पूछा कि एका और महपा जैसे शत्रुओं को घर में क्यों घुसाया? वह लड़का बड़े दानी – मानी का नाटक करता हुआ कहने लगा हमने क्षमा कर दिया है। बाप के हत्यारे को क्षमा कर दिया है। कितना मूर्ख है। प्रतिशोध लेना था ऐसे शत्रुओं का।'' रणमल ने एक और प्याला भी पेट में उतार दिया।

''हुजूर ! इन सिसोदियों का राज तो आप ही होकर चला रहे हो। आप नहीं होते तो वह राज्य कभी का गया होता। आपने ही मोकल जी के हत्यारों को मारकर बदला लिया।'' बीजा राठौड़ ने हाँ में हाँ मिलाई।

''रमणमल जी, अब चूण्डा के बारे में सोचिए। सुना है वह आने वाला है। आकर वह राघवदेव की मौत का बदला अवश्य लेगा। हमें अभी से कुछ सोच लेना चाहिए।'' शत्रुशाल ने अपने मन की आशंका प्रकट की।

''अरे ! वह क्या खाक बदला लेगा। उस चूण्डा ने अपने भाई मोकल के हत्यारे महपा और चाचा के पुत्र एकनाथ को माण्डू में शरण दी और अब उन्हें चित्तौड़ के महाराणा ने भी क्षमा कर दिया है। बदला लेना तो इन सिसोदियों के खून में ही नहीं है।'' रणमल अपनी मस्ती में कहा जा रहा था। शत्रुशाल को भय सता रहा था कि कही चूण्डा आकर उसे ही समाप्त न कर दें। उसका भय पुनः कह उठा – ''अन्नदाता ! क्या आप ऐसी व्यवस्था नहीं कर सकते कि चूण्डा चित्तौड़ में प्रवेश ही नहीं कर सके। आप राणा कुंभा से पूछ कर तो देखे।''

''अरे ! पूछा था, मैंने। वह कहने लगा – चित्तौड़ उनका घर है, उन्हें आने से कैसे रोका जा सकता है? मूर्ख कहीं का। अपना हित – अनहित भी नहीं सोच सकता है।'' रणमल ने एक प्याला और चढ़ा लिया। उसके हाथ काँपने लगे। भारमली ने रणमल जी को और पीने से मना किया, किन्तु वह कहने लगा – भारमली। बस एक प्याला और दे दें। शत्रुशाल कुछ पता लगाओं कि चूण्डा कब आ रहा है। यह प्रयत्न करो कि उसका रास्तें में ही खात्मा हो जाए। राणा से तो कुछ होगा नहीं हमें ही कुछ करना होगा। तुम

उसके मार्ग का पता लगाओ। अपने गुप्तचरों को चारों और फैला दो और उसके आने की तिथि का पता लगाओ। हमें ही सब कुछ करना होगा।'' रणमल वहीं फर्श पर लुढ़क गया। बड़ी कठिनाई से उसे पलंग पर डाला गया। वह पड़ा – पड़ा बुदबुदाने लगा –''भारमली एक प्याला और दें ....अब देखना ....वह दिन..........दूर नहीं........जब.......तू... ....महारानी..................... । चित्तौड़गढ़ की ....महारानी..............बनेगी।''

''और आप अन्नदाता?'' भारमली ने सहज में पूछ लिया।

''मैं ....कुंभा.....................की................जगह...................बैठूंगा।''

सभा विसर्जित हुई।

13

चित्तौड़गढ़ से लगभग पैंतीस कोस की दूरी पर दक्षिण दिशा में मेवाड़ की अग्रिम चौकी थी देवलिया। इतिहासकार देवलिया को देवगढ़ के नाम से भी पुकारते हैं। कालान्तर में देवलिया अलग से एक रियासत भी बन गई जिसे प्रतापगढ़ कहा जाता है। इस देवलिया राज्य पर कुछ वर्षों के बाद महाराज चूण्डा के वंशजों ने अपना आधिपत्य जमा लिया था, किन्तु जिस कालखण्ड की हम चर्चा कर रहे हैं, उसमें देवलिया मेवाड़ राज्य की दक्षिण–पूर्व दिशा की मालवा राज्य से लगने वाली सीमा का एक परगना था। एक पहाड़ी नदी के तट पर बसे इस नगर के भग्नावशेष आज भी देखे जा सकते है। आज भी यह देवलिया गाँव घने वनों से ढंका हुआ है। उस समय कैसे वन रहे होंगे, इसकी कल्पना हम आसानी से कर सकते हैं। देवलिया से कोई पाँच कोस की दूरी पर दशपुर (वर्तमान का मन्दसौर नगर जो कि इन दिनों मध्यप्रदेश में है) नामक समृद्ध नगर था। इस नगर का पतन दिल्ली सम्राट अल्लाउद्दीन खिलजी ने (सन् 1296 से 1313 के बीच) किया था। मन्दसौर में जहाँ पशुपतिनाथ का मंदिर है, उसके पास शिवना नदी बहती है। उन दिनों दशपुर में नागर ब्राह्मणों की बहुत बड़ी संख्या में बस्ती थी। जब श्रावण मास की पूर्णिमा के दिन ये ब्राह्मण लोग ऋषि तर्पण कर रहे थे, अचानक आक्रमण हुआ। इतिहासकार कहते है, धोती और जनेऊ पहने इन पंडितों की सामूहिक हत्या से शिवना का पानी लाल हो गया। इन ब्राह्मणों में मात्र इने गिन लोग ही अपनी काया बचा कर भागने में सफल हुए। जाते – जाते इन ब्राह्मणों ने यह प्रण लिया कि उनके वंशज कभी भी शिवना नदी का पानी नहीं पिएंगे और दशपुर में निवास नहीं करेंगे। मेवाड़ में इन ब्राह्मणों ने शरण ली थी। उन ब्राह्मणों के वंशजों को दशोरा ब्राह्मण कहा जाता है। किन्तु यह घटना महाराज चूण्डा के काल से कोई डेढ़ सौ वर्ष पुरानी थी।

देवलिया से ही आठ कोस की दूरी पर एक अग्रिम चौकी अरूणोदय के नाम से थी। यही अरूणोदय आजकल अरनोद कहा जाता है। चारों ओर काली मिट्टी के खेत और पर्वतों पर सघन वन सम्पदा का विस्तार इस क्षेत्रफल की विशेषता है। अरूणोदय से लगभग एक कोस की दूरी पर पठार की कगार जाती है। पठार का यह भाग सीधा ड़ेढ़ सौ फीट कटा हुआ है। एक पहाड़ी नाला इस सीधे ढाल पर प्रपात बनाता हुआ गिरता

है। प्रपात के ठीक नीचे लावा की ठोस चट्टाने अर्द्धचन्द्राकार में फैली हुई है। इन चट्टानों के नीचे साधु – सन्तों ने कई गुफाएँ बना रखी है। यहीं गौतमेश्वर महादेव का प्रसिद्ध मंदिर है। कहते है प्रसिद्ध न्यायवेत्ता महर्षि गौतम ने इस स्थान पर तपस्या की थी। यह स्थान बहुत ही विकट, रमणीय एवं मन को शांति प्रदान करने वाला है। देवलिया परगना भीलों, मीणों और मेरों की आबादी से घिरा हुआ था। प्रकृति से उन्मुक्त स्वभाव के इन वनवासियों का उस काल में गौतमेश्वर महादेव में अटूट विश्वास था। यह विश्वास आज भी देखा जा सकता है। ये वनवासी आज भी यदि गौतमेश्वर की सौगन्ध लेकर कोई बात कर दे, तो उसे अमिट माना जाता है। गोत्तमेश्वर के आगे पीपलखूँट – घाटोल और बांसवाड़ा के घने वन है। समस्त वन प्रदेश में वनवासियों का फैलाव, उनकी सामाजिक व्यवस्थाएँ एवं परम्पराएँ सदियों से आज तक अक्षुण्णरूप से जैसी थी वैसी की वैसी चली जा रही है।

महाराणा कुंभा को निरन्तर यह समाचार मिल रहा था कि देवलिया के वनवासी महाराणा के राज्य के प्रति खिन्न है। गुप्तचरों ने बताया कि देवलिया के ये वनवासी कभी भी विद्रोह कर सकते है। हो सकता था मालव राज्य के कुछ लोग जानबूझ कर इन भोले भाले वनवासियों को भड़का रहे हो। इन जंगलों में विद्रोह और संघर्ष की भावनाएँ घर कर रही थी।

गर्मी का मौसम आने ही वाला था। गोत्तमेश्वर में वैशाख मास की पूर्णिमा पर मेला लगा करता था। इस मेले के अवसर पर हजारों वनवासी एकत्रित हुआ करते थे। महाराणा कुंभा ने इस मेले के अवसर पर गोत्तमेश्वर जाने का निश्चय किया। तीन पीढ़ियों से सेवा करते आ रहे पंडित तिल्हभट्ट ने महाराणा की यात्रा का मुहूर्त भी तय कर लिया। महाराणा के निश्चय को सुनकर रणमल का माथा ठनका। जिस परगने में विद्रोह हो, वहाँ स्वयं महाराणा का जाना उसे अनुचित लगा। अपनी चिर परिचित शैली के अनुसार रणमल संध्या के समय अपनी बहिन हंसाबाई को लेकर कुंभा के आवास पर गया।

"आइए दादी जी। पधारिये रणमल जी।" कहकर महाराणा ने दोनों का स्वागत किया।

"मैंने सुना है आपने गोत्तमेश्वर जाने का निर्णय लिया है।" रणमल ने आसन ग्रहण करते हुए पूछ लिया।

''हाँ कुछ ऐसा ही निश्चय कर लिया है।'' कुंभा अधिक नहीं बोलना चाहता था, परन्तु रणमल तो आया ही कुछ कहने, अतः बोल उठा – ''बेटा। स्वयं राजा को विद्रोह दबाने नहीं जाना चाहिए। अपनी सेना क्या काम आएगी? उसे ही भेज देना अधिक उपयुक्त होगा।''

''आपका कथन उपयुक्त है। आप हमारे बुजुर्ग है अतः आपकी सलाह अनुचित हो ही नहीं सकती है'', कहकर कुंभा चुप रह गया। रणमल नहीं समझ पाया कि महाराणा ने उसकी सलाह मान ली या नहीं, इसलिए उसने पुनः पूछा'' – तो क्या में यह समझ लूँ कि आप गोतमेश्वर नहीं जा रहे हैं?

''ऐसा है पूज्यवर कि मैं मात्र गुप्तचरों की सूचना पर जीवित रहूँ या मात्र राज्य के अधिकारियों की अकर्मण्यता पर आधारित होकर चलूँ अथवा अपनी सेना का उपयोग स्थानीय असंतोष को दबाने में करूं, यह मुझे स्वीकार्य नहीं है।''

''तो आप क्या करना चाहते है। आपके पूज्य पिताश्री को भी इसी प्रकार दुर्ग छोड़ने की सलाह दी गई थी और उन्हीं सलाह देने वाले लोगों ने उनकी हत्या कर दी। ये लोग आपको भी अब यही सलाह दे रहे हैं।''

''पूज्यवर ! यह निणर्य मैंने ही लिया है। मैं स्वयं जाकर पता करना चाहता हूँ कि यह विद्रोह किन कारणों से उठाया जा रहा है।''

''कारणों का पता तो गुप्तचर बता ही सकते है।''रणमल ने पूछा।

''मैंने निवेदन किया है कि मैं स्वयं उस क्षेत्र के लोगों से मिलना चाहता हूँ। आपने मुझे महाराणा पद दिया है तो यह मेरा कर्तव्य बनता है कि इस देश की आम प्रजा से मेरा भी कोई रिश्ता जुड़े और भी एक कारण है।

''क्या।''

''यह कि मुझे जो कुछ गुप्तचर बताते है, उसकी सत्यता की जाँच भी आवश्यक है।'' युवक कुंभा मानो सही अर्थों में राजा बन गया था। रणमल की बूढ़ी आँखों ने पढ़ लिया कि अब उसकी दाल गलने वाली नहीं थी।

''फिर भी थोड़ा विचार करना उचित रहता। वैसे कौन – कौन साथ जा रहे है।?'' रणमल ने अपना दूसरा जाल फेंका।

''यह निर्णय मंत्री परिषद् करेगी कि किसे साथ भेजा जाना चाहिए किन्तु मेरे अंगरक्षक महाराणी अपूर्वादेवी और उसकी सेविका भारमली मेरे साथ होगी।''

''बेटा ! इस एका और महपा का ध्यान रखना।'' वृद्ध हंसाबाई को अपने पुत्र की मृत्यु का स्मरण हो आया।

''दादी जी ! मेरी सुरक्षा का प्रबन्ध करना मंत्री मरिषद् का काम है। इस पर भी यदि मेरे शरीर को कोई नुकसान होता है तो भी सिसोदियों का वंश निर्मूल नहीं हुआ है।'' कुंभा बात को आगे नहीं बढ़ाना चाहता था।

''हम बूढ़े हो चले है, बेटा ! इसलिए हमें चिन्ताएँ अधिक होती है। तुम युवक हो। नया खून है। फिर भी सतर्क अवश्य रहना।'' हंसाबाई ने देखा कि अब यहाँ समय व्यय करना व्यर्थ था, अतः उठ खड़ी हुई। रणमल ने भी सोचा कि अब इस छोकरे के क्या मुँह लगूँ। उठा और सामान्य शिष्टाचार के शब्द बोलकर चल पड़ा।

महाराणा के गोत्तमेश्वर जाने की खबर सभी जगह पहुंच गई। वनवासियों को यह आशा नहीं थी कि महाराणा स्वयं वहाँ जाएंगे। वे आशा कर रहे थे कि कोई बड़ी सेना आएगी। वह सेना उनकी बस्तियों को जलाएगी, उनकी बहु बेटियों से छेड़छाड़ करेगी और सब कुछ तहस नहस कर चली जाएगी किन्तु भीलों और मीणों के प्रमुखों को इस बार यह नया अनुभव हुआ कि महाराणा ने उन्हे बातचीत करने हेतु गौत्तमेश्वर बुलाया है। ऐसा व्यवहार तो पहले कभी नहीं सुना गया। उन्हें यह भी भय लगा कि कहीं ग्राम प्रमुखों और गमेतियों को बुलाकर मार देने की योजना तो नहीं बनाई गई है। इन्हीं आशंकाओं को लेकर एक गांव के मुखिया ने दूसरे गाँव के मुखिया से संपर्क किया। गाँवों के पटेलों, प्रधानों एवं प्रमुखों ने आपस में चर्चा की। इन चर्चाओं का परिणाम यह निकला कि सभी ने यह स्वीकार कर लिया कि महाराणा से बात की जानी चाहिए। यदि वह सच्चाई से कुछ करना चाहता है तो उन्हें अपने दुःख दर्द बताने चाहिए और यदि उसका इरादा कुछ और है तो हमें अपने युवकों को बाण लेकर उपस्थित रहना चाहिए। गौत्तमेश्वर को चारों ओर से घेर कर हमारे युवक इस प्रकार खड़े हो जॉए कि एक पंछी भी वहां से जीवित नहीं लौट सके। इस निश्चय की सूचना गाँवों में भेज दी गई। सभी को गौत्तमेश्वर की सौगन्ध दिलाकर आमन्त्रण दिया कि वे अपने ग्राम प्रमुखों की सुरक्षा हेतु वैशाखी पूर्णिमा को गोत्तमेश्वर में एकत्रित हों।

विद्रोह, संघर्ष और बातचीत की अफवाहों, खबरों और कानाफूसियों से सारा मेवाड़ आप्लावित हो गया। सर्वत्र यह चर्चा थी कि महाराणा भीलों से बात करेंगे या उनका सामूहिक संहार। पक्ष ओर विपक्ष में कई दलीलें दी जाने लगी। वैशाख की वह पूर्णिमा भी आई। प्रातःकाल में ही महाराणा के सैनिकों ने देवलिया से प्रयाण किया। गौतमेश्वर से कोई एक कोस दूर अरूणोदय में महाराणा की सेना ठहर गई। वनवासियों के बीस–पच्चीस प्रमुखों ने अरूणोदय जाकर महाराणा की अभ्यर्थना की और उन्हें स्पष्ट पूछा कि महाराणा बात करने पधारे हैं या सेना का आश्रय लेकर जनसंहार करने।

''मैंने आपको बातचीत का आमंत्रण भेजा था। यह जन संहार की बात कहाँ से आ गई।'' महाराणा से सपाट उत्तर दिया।

''अन्नदाता। इतनी बड़ी सेना लेकर आपका यहाँ आना तो यही प्रकट करता है।'' एक ग्राम प्रमुख के इन वचनों को सुनकर महाराणा समझ गए कि यह आपसी संशय क्यों है? उन्होंने बड़ी ही आत्मीयता से कहा –

''आप भी मेवाड़ के उतने ही हिस्सेदार है, जितना मैं स्वयं। मैं आपसे यहाँ झगड़ा नहीं करने आया हूँ। आप मुझे यह बताएं कि आपके महाराणा को कितने सैनिक लेकर साथ ज़ाना चाहिए?''

'क्या आपको हम पर विश्वास है।'' एक प्रमुख पूछ बैठा।

''मुझे आप पर पूरा विश्वास है, प्रमुख जी।''

''तो आपकी सुरक्षा की जिम्मेदारी मेरे पर रही। हम जितने भी लोग हैं आपके साथ चलेंगे।''

महाराणा ने अपने साथ एक भी व्यक्ति को ले जाने की मनाई कर दी। सेनापति, प्रधानमंत्री एवं वृद्ध विल्हभट्ट ने भी खूब समझाया, परन्तु महाराणा नहीं माने। बूढ़े रणमल ने बहुत आग्रह किया कि दस – बीस घुड़सवार ही साथ ले जायं किन्तु महाराणा ने स्पष्ट मना कर दिया।

''क्या आप लोग पैदल ही यहाँ आए हैं।'' महाराणा ने ग्राम प्रमुखों से पूछा।

''हमें धोड़े कहाँ मिलते हैं। अन्नदाता !''

"तो मैं भी आपके साथ पैदल ही चलूँगा। यदि महारानी अपूर्वादेवी भी चलना चाहे तो चल सकती है।" महाराणा के चेहरे पर कहीं भी कोई तनाव नहीं था। अपूर्वादेवी ने भी पैदल ही चलना चाहा किन्तु वनवासियों के प्रमुखों ने महाराणी जी को पैदल चलने से मना कर दिया। पालकी मंगवाई गई और कई भील युवकों ने पालकी उठा ली। ग्राम प्रमुखों से घिरे महाराणा पैदल ही गौत्तमेश्वर चल पड़े। खबरे पहले ही दौड़ गई। महाराणा अकेला आ रहा है, एक भी सैनिक साथ नहीं है और यह कि महाराणी स्वयं पालकी में आ रही है। ये समाचार प्रत्येक वनवासी की जिव्हा पर छा गए। वनवासियों ने अपने धनुषों की डोरियाँ खोल दी। बाणों को बांधकर, तूणीरों को कंधे से उतार लिए गए। प्रत्येक वनवासी नए महाराणा के इस व्यवहार से अभिभूत हो उठा। युवक जयघोष करने लगे। कदम – कदम पर महाराणा के पैर छूने वालों की भीड़ जमा होने लगी। प्रत्येक व्यक्ति ऐसे महाराणा को देखना चाहता था, जो बिना भय के अकेला भीड़ में चला आ रहा था यह तो अपूर्व घटना थी।

लगभग दो प्रहर लग गए महाराणा को गौतमेश्वर पहुंचने में।

दर्शन, पूजा अर्चना के बाद, लटकती चट्टानों के नीचे बने विशाल चबूतरे पर जंगली फूलों से सजाए मंच पर महाराणा और महाराणी आसीन हुए। दूसरी ओर से गांव के प्रमुख, श्वेत जटाओं वाले वृद्ध महात्मा को ले आए। महाराणा ने उनका स्वागत करने के पश्चात उनका परिचय पूछा।

"ये बाबाजी महाराज हमारी ओर से बात करेंगे। हम सभी इनके शिष्य है। ये महाराज कभी – कभी पधार जाते हैं और हमें कई तरह से समझा कर चले जाते हैं। हमारे आपसी झगड़ों के समाधान भी आप ही किया करते है।" एक ग्राम प्रमुख ने सामान्य परिचय दिया।

"राजन्। मुझे बहुत प्रसन्नता हुई, यह सुनकर कि आप बिना किसी सेना एवं अंगरक्षक के यहाँ आ गए, वृद्ध साधु कह उठा।

"सब आप जैसे सन्तों की कृपा का फल है। मैं तो आपके पुत्र के समान हूँ। आप तो कृपा कर यह बताएं कि ये वनवासी लोग मुझसे नाराज क्यों है?" कुंभा मूल प्रश्न पर आ गया।

''कारण अनेक है बेटे। पहला कारण तो यह कि तुम्हारे अधिकारी इन वानवासियों की उपज को मुफ्त में ले लेते है और शिकायत करने पर उनकी पिटाई की जाती है।'' साधु ने बात आरंभ की।

''यदि आप उन अधिकारियों के नाम बताओं, तो मैं आज ही आप सभी के समक्ष उन्हें मृत्युदण्ड दे दूँ।'' कुंभा का क्रोध जाग उठा।

''राजन् ! आपकी यह घोषणा ही पर्याप्त है। दूसरा एक और भी महत्वपूर्ण विषय है कि हमारे क्षेत्र से कई सुन्दर, नाक नक्ष वाली लड़कियों का अपहरण होता रहता है। आपके राज्य के अधिकारी और सामन्तों तक उन लड़कियों को पहुँचाया जाता है।'' साधु ने शांत भाव से कहा।

''क्या आप अपने कथन को प्रमाणित कर सकते हैं।''

''हाँ राजन् ! इसके लिए प्रमाण है। कई लड़कियाँ चित्तौड़गढ़ की हवेलियों में मौजूद है। कितनी लड़कियाँ कहाँ है, उसकी जानकारी आपको यह महिला देगी।'' साधु ने भीड़ में से एक महिला को बुलवाया। यह महिला मंच पर आई। उसने साधुबाबा और मंचस्थ अतिथियों को प्रणाम किया।

''अरे आप । राधादेवी जी आप यहाँ कैसे?''

''इन्हें आप पहचान गए, यह प्रसन्नता की बात है। इनकी स्वयं की बेटी का ही जब आप रणमल जैसों के चंगुल से नहीं बचा पाए तो आपसे अधिक क्या आशा करें? राधादेवी जी आपकी सब कुछ बता देगी।'' साधु अपनी बात कहकर चुप हो गया।

''मैं बहुत ही लज्जित हूँ। आपने मेरी आँख खोल दी, महात्मा जी। मैं उन कन्याओं का सतीत्व तो नहीं लौटा सकता, पर उन्हे दण्ड अवश्य मिलेगा, चाहे वह राज्य का कितना ही बड़ा व्यक्ति क्यों नहीं हो।'' कुंभा के शब्दों ने जादू का असर किया। सारे जन समुदाय के कंठों से ''महाराणा कुंभा की जय'' एकलिंगनाथ की जय'', ''गौत्तमेश्वर भगवान की जय'' के नारे गूंज उठे।

''एक बात और है राजन्। वनवासी अपनी वन्य उपजों को वणिक वर्ग को बेचते हैं। वणिक वर्ग इनसे बहुत ही कम मूल्य में वह सामग्री खरीदता है, इस प्रकार इनका शोषण होता है।''

"मैं समस्त उपजों का भाव तय कर दूंगा, महात्मा जी। इनके भाव इन्हीं ग्राम प्रमुखों के साथ बैठकर निर्धारित कर दूंगा। वजन तोलने के बाटों का परिमाण भी तय कर दूंगा। अच्छा हो आप भी इन लोगों के साथ चित्तौड़गढ़ पधारे। वहीं आदेश भी दिलवा दूंगा।"

"राजन्। तेरा कल्याण हो। हमें लगा है कि तू विलक्षण है। तू मेवाड़ में कुछ कर गुजरेगा। तू सदा न्यायी, दानी और पराक्रमी बनें यही मेरी अभिलाषा है।" साधु की वाणी कुछ गीली हुई।

"मेरा आप सभी से हाथ जोड़ कर एक निवेदन और है कि भविष्य में जो भी आपकी शिकायत हो आप सीधे मुझसे करें। मैं चाहे राजमहल में होऊं या वन में, आपको मेरे पास आने में कोई नहीं रोकेगा। यह मेरा वचन रहा।" सर्वत्र जय – जय का नाद होने लगा।

"बेटी अपूर्वा।" राधादेवी ने महाराणी को हाथ पकड़ कर उठाया।

"हाँ देवी।"

"बेटी अपने श्वसुर के बड़े भाई महाराज चूण्डा को प्रणाम नहीं करोगी।"

राधा के वाक्य ने महाराणा और महाराणी को चौंका दिया।

"कहाँ है वे।" अपूर्वा देवी ने पूछा।

"ये साधु बाबा ही महाराज चूण्डा है बेटी।" राधा के इतना कहते ही महाराणी ने अपना सिर अच्छी तरह ढंक लिया और साड़ी के पल्लू को दोनों हाथों से पकड़कर साधु बाबा के चरणों में प्रणाम किया।

"सौभाग्यवती भव।" आशीर्वाद के शब्द बोलते वृद्ध चूण्डा के आँसूं लुढ़क पड़े। महाराणा कुंभा ने उनके पैर पकड़ लिए। उनके आँसुओं की धारा ने वृद्ध चूण्डा के पैरों को घो दिया। चूण्डा ने कुंभा को ह्रदय से लगा दिया। "बेटा ! तुझे देखने को कितने वर्षों से तरस रहा था।" सर्वत्र जयघोष होने लगा। किसी ने महाराज चूण्डा का जयघोष भी कर दिया। इस अपूर्व मिलन के साक्षी ग्राम प्रमुखों की आँखे भी भर आई। अपूर्वादेवी को राधा ने संभाला और ग्राम प्रमुखों ने चूण्डा और महाराणा कुंभा को।

राजपरिवार ने एक बार पुनः गोत्तमेश्वर के दर्शन किए और भीड़ के बीच में बड़ी कठिनाई से बनाए जा रहे मार्ग से अरूणोदय की ओर प्रस्थान किया। सेना मे महाराज

चूण्डा के आगमन की सूचना पहुंच गई। रणमल और बीजा राठौड़ जलभुनकर रह गये। बूढ़ा रणमल यह समझ ही नहीं पर रहा था कि अकेला महाराणा इन वनवासियों की भीड़ में से कैसे सुरक्षित आ गया। उसे इस बात को समझने में भी कठिनाई अनुभव हो रही थी कि समस्त गुप्तचरों के जाल को चूण्डा के आने की हवा तक नहीं लगी और वह इतनी बड़ी भीड़ में प्रकट हो गया। उसकी रखेल राधादेवी भी वहाँ पहुंच गई। ऐसे कई आश्चर्यों का अनुभव करते हुए भी वह कांईयापन से नहीं चूका। उसने किसी को संकेत से कुछ कहा और महाराणा के आगमन की प्रतीक्षा करने लगा। महाराणा, चूण्डा, राधादेवी और ग्राम प्रमुखों का दल अरूणोदय की ओर बढ़ता आ रहा था। सेना के प्रमुखों, मंत्री परिषदों के सदस्यों, अधिकारियों और रणमल जी जैसे कई सामन्तों ने आगे बढ़ कर महाराणा की अभ्यर्थना की। कई लोगों ने महाराज चूण्डा के चरण छुए। इस बार महाराणी अपूर्वादेवी भी पैदल ही आई। इन वनवासियों के सहज स्नेह से वह बड़ी अभिभूत थी। गांव की लड़कियाँ पूरे रास्ते में उसके आगे पीछे नाच रही थी। थाली और मांदल पर युवतियों के पाँव थिरक रहे थे। दो चार बार तो उन लड़कियों ने महाराणी जी को भी नाचने को विवश कर दिया। महलों की षड़यन्त्र से परिपूर्ण जिन्दगी से बाहर आकर उन्हें जो ताजगी मिली ऐसा अनुभव उन्हें पहले कभी नहीं हुआ था।

सेनापतियों द्वारा स्वागत किए जाने के बाद चूण्डा के लिए एक अच्छा अश्व मंगवाया गया। महाराणा ने स्वयं हाथ पकड़ कर उन्हें सहारा दिया। इसी बीच एक सनसनाता हुआ तीर कहीं से आया। इसके पूर्व कि वह तीर चूण्डा जी के ह्रदय में घुसे, राघादेवी बीच में आ गई। वेग से आता हुआ तीर राधादेवी के हाथ में घुस गया। खून बह निकलां चूण्डा जी ने तत्काल राधादेवी को सहारा दिया। राजवैद्य भी वहीं थे। उन्होंने राधादेवी के पट्टी बाँधी। लोग आस – पास दौड़ पड़े। तीर चलाने वाला पकड़ा गया। राजपरिवार को चारों ओर से घेर लिया गया। राधादेवी और अपूर्वा पालकी में चढ़ी। महाराणा कुंभा और महाराज चूण्डा घोड़ों पर सवार हुए। काफिला चित्तौड़गढ़ की और चल पड़ा। कुछ दूर तक ग्राम प्रमुख भी महाराणा के साथ – साथ चले। आगे की पहाड़ी की घाटी आरंभ होने के पूर्व महाराणा अपने घोड़े से नीचे उतरे। सभी ग्राम प्रमुखों से विदा ली। इसी अवसर पर एक कवि कह उठा – ''ए नाग । तू शहर नहीं गया, इतना विष कहाँ से पाया।'' इस बात पर एक ग्रामीण ने अपनी सीधी भाषा में कह ही दिया।'' राणा जी। शत्रु जंगलों में नहीं बसते हैं। वे तो आस – पास ही रहा करते है। चूण्डा जी के जीवन को समाप्त करने के लिए यह तीर आपके ही लोगों ने चलवाया है।'' ग्राम्य स्पष्टता नगरीय

जीवन को लात मार गई। वनवासियों का स्नेह राजप्रासादों की कुटिलताओं को उजागर कर गया। महाराणा को समझ में आ गया कि उसका राज्य मात्र वेतनभोगियों के बलबूते पर नहीं चल सकता है। यह आम आदमी ही है जो उसे स्फूर्ती देता है, बल देता है और आश्रय देता है। सत्ता का मूल आधार सामान्य जन है, यह बात आज उसने गांठ बांध ली।

धनुर्धर पकड़ा गया। सभी लोग समझ गए कि इस प्रयास का लक्ष्य महाराज चूण्डा थे और धनुर्धर को आदेश देने का काम उन्हीं लोगों ने किया, जिन्होंने राघवदेव की हत्या की थी किन्तु राज्यहित में उन लोगों के नाम प्रकट नहीं किए गए। चित्तौड़गढ़ पहुंचने पर महाराज चूण्डा का भव्य स्वागत किया गया। कई नागरिक, पुराने मित्र और सेवक महाराज चूण्डा से मिले। चूण्डा के चित्तौड़गढ़ तक सकुशल पहुंच जाने को सिसोदियों ने अपनी सफलता मानी तो दूसरी ओर रणमल एवं उसके सहयोगियों के लिए यह घटना आपत्ति के रूप में देखी गई। शत्रुशाल एवं रणमल के पुत्र जोधा ने अपने बचाव के तरीके निकाल लिए। उन्होंने इस तथ्य को भलिभांति पहचान लिया कि उन पर कभी भी आक्रमण किया जा सकता है। मण्डोर राज्य के युवराज जोधा को अपने प्राणों का भय सबसे अधिक सताने लगा। वह अपने घोड़ों को लेकर दुर्ग की तलहटी में चला गया। चित्रांगद मौर्य के तालाब से भीमलत के बीच रणमल की हवेली के अवशेष आज भी दिखाई देते है। इस हवेली के ठीक सामने सड़क है। इस सड़क के सामने किले की कोट बनी हुई है। वहीं एक बुर्ज भी बनी हुई है। इस बुर्ज पर डोमराज का आसन था। वह चौबीसों घण्टे इस टोह में रहता था कि कौन – कौन लोग रणमल जी की हवेली में आते थे। यहीं पर रस्सियों की एक लंबी सीढ़ी भी उसने बना रखी थी, जो तलहटी पर पहुंच जाती थी। कोट से कोई पचास साठ हाथ नीचे दुर्ग की पहाड़ी का ढाल प्रारम्भ हो जाता है। इसी ढाल पर एक अस्थाई आवास बनाकर युवराज जोधा अपना समय काटने लगा था। उसने कई बार अपने पिता रणमल जी से मंडोर चल देने हेतु निवेदन भी किया किन्तु रणमल ने कोई उत्तर नहीं दिया। उसके मन में चित्तौड़गढ़ मे राठौड़वंश की नींव डालने के स्वप्न तैरा करते थे। जोधा का आग्रह भी उनके दिवास्वप्न को भंग नहीं कर पाया। शत्रुशाल दिन रात दौड़ धूप कर सूचनाएं एकत्रित करता था। कुछ युवक, रणमल की हाँ में हाँ मिलाने तथा लड़कियों को फंसाकर, उड़ाकर अथवा खरीद कर रणमल की सेवामें पहुँचाने के नाम पर अपने धन्धे चलाने लगे थे।

भारमली ने नियति से समझौता कर लिया। वह समझ चुकी थी कि उसकी साधना जब भ्रष्ट ही हो चुकी है तो अब सिवाय मरने के अथवा प्रतिदिन रणमल को शराब पिलाने के अतिरिक्त उसके जीवन का कोई प्रयोजन ही शेष नहीं रहा है। कभी – कभी उसके मन में इस वृद्ध से बदला लेने का विचार अवश्य कुलबुलाता था, तथापि वह चुपचाप अवसर की प्रतीक्षा में थी। दिन में वह अपूर्वादेवी की सेवामें रहती थी। समय निकाल कर अपनी धर्ममाता राधादेवी की भी सार संभाल कर लेती और संध्या उसकी रणमल की हवेली में बीतती थी। वह अपना जीवन उपेक्षाभाव से जिए जा रही थी।

एक दिन उसकी माँ राधादेवी ने उसे कोई मंत्र दिया। बहुत ही प्रसन्न हुई। उसने सोलह श्रृंगार किए और पालकी में बैठकर रणमल की हवेली पहुँची। रणमल की प्रमुख कृपा पात्र थी, इस कारण उसके लिए प्रतिदिन पालकी का प्रबन्ध था। पालकी को उठाने वाले कहारों को भारमली के आवास के तहखाने में बन्द कर दिया गया और छः नकली कहार उसकी पालकी को उठाकर चले। भारमली आज बहुत अधिक प्रसन्न और उत्तेजित थी। प्रतिदिन की तरह उसने रणमल जी की चरण वंदना कर अपूर्व मुस्कराहट के साथ एक प्याला आगे कर दिया। रणमल आज भारमली के रूप को देख विशेष मुग्ध था। रणमल पीते – पीते थक गया। फर्श पर लुढ़क पड़ा। भारमली ने उसे उठाया और पलंग (पुराने जमाने में पलंग की लंबाई आदमी की लंबाई से कम होती थी) पर सुला दिया। रणमल को नींद नहीं आई थी। उसने एक प्याला उसके गले में और उड़ेला। आखिर वृद्ध आदमी कब तक शराब की मार सहता। वह निढ़ाल होकर सो गया। उसके नाक के नथुने बजने लगे। यही अवसर था। भारमली ने रणमल की पगड़ी से रणमल को पलंग से बांध दिया और कक्ष से बाहर आई। सभी कहार तुरन्त भारमली के पास आ गए, और कक्ष में प्रवेश कर गए। इन कहारों में एकनाथ और महपा पंवार भी थे। उन्होंने सीधे जाकर रणमल के पेट में छुरियाँ डाल दी। रणमल चिल्लाया और उठकर संघर्ष करने का श्रम करने लगा, किन्तु खाट से बंधे होने के कारण वह कुछ नहीं कर पाया। सात फीट लंबा रणमल अधिक समय तक जीवित नहीं रह सका।

कहार भारमली को पालकी में ले चले। रणमल की हवेली का एक द्वारपाल चिल्लाया, पकड़ो – पकड़ो, रणमल जी मारे गए।'' बुर्ज पर बैठे डोम ने भी यह आवाज सुनी। इतने में मेवाड़ के सैनिक का गए। उन्होंने रणमल की हवेली को घेर लिया। बुर्ज से शत्रुशाल नीचे उतर गया। डोम ऊपर से चिल्लाया –

"चूण्डा अजमल आविया, मांडू ह धक आग"

जोधा रणमल मारिया, भाग सके तो भाग।"

तलहटी के नीचे जोधा सर्तक हो गया। शत्रुशाल वहाँ पहुँच चुका था, किन्तु डोम पकड़ा गया। दूसरे दिन डोम पागल हो गया। लोगों ने जब इसके पागल होने का कारण पूछा गया तो अन्नपूर्णा मंदिर के नये पुजारी ने बताया कि भारमली रणमल जी के किसी मारवाड़ी सैनिक की पुत्री है। रणमल के सैनिक ने डोमराज की पत्नी के साथ बलात्कार किया था। जब वह डोमनी अपनी प्रार्थना लेकर स्वर्गीय लाखा के दरबार में उपस्थित होने आई तो उसकी हत्या कर दी गई। इस मृत स्त्री की लड़की भारमली थी। भारमली को राधादेवी ने पालपोस कर बड़ा किया था। जब यह सत्य डोम के सामने प्रकट किया गया तो वह बहक गया। सुनकर वह आत्महत्या करने लगा पर उसे बचा लिया गया।

चूण्डा की चित्तौड़गढ़ मे उपस्थिति की परिणति रणमल की हत्या के रूप में सामने आई। देश की सेना जो अब तक राजनैतिक नेताओं के कुचक्रो एवं भ्रष्ट लोगों को प्रश्रय दिए जाने के कारण कुंठित थी अब मुखर हो उठी। चूण्डा महाराज को सेनापति का सर्वोच्च भार दे दिया गया था।

इस सफाई अभियान में चूण्डा को रणमल के भाई सत्ता के पुत्र नरबद राठौड़ का समर्थन प्राप्त था। सत्ता के पुत्र नरबद को मण्डोर राज्य से सत्ताच्युत कर रणमल स्वयं मण्डोर का अधिपति बन गया था। उसी समय से नरबद भी चित्तौड़ आ गया, परन्तु वह राठौड़ों के किसी भी षड़यंत्र में सम्मिलित नहीं था। यह व्यक्ति रणमल का विरोधी होने के कारण कई बार रणमल की नीतियों का विरोध भी किया करता था। इस व्यक्ति का सहयोग सेनापति चूण्डा ने अपने विजय अभियान में लिया।

रणमल की हत्या के पश्चात् सेना के प्रमुख लोग चित्तौड़गढ़ दुर्ग पर अन्नपूर्णा मंदिर के समीप बनी राघवदेव की छत्री पर इकट्ठे हुए। चूण्डा चित्तौड़गढ़ आने के बाद प्रथम बार स्वर्गीय भाई की छत्री पर जाकर फूट – फूट कर रोया। अब तक चूण्डा ने भाई की मृत्यु पर किसी प्रकार की प्रतिक्रिया व्यक्त नहीं की थी। वज्र हृदय चूण्डा ने अब तक राघवदेव की मृत्यु पर किसी प्रकार का दुःख प्रकट नहीं किया। अपने मन में रणमल के प्रति वेरभाव को जिस कठोरता से उसने दबा रखा था। वह वेरभाव आज आंसुओं के रूप में वह निकला। लोगों ने चूण्डा को ढाढस बंधाया। कुछ स्वस्थ होने के बाद चूण्डा का

घोष गरजा'', कांधल; चित्तौड़गढ़ का दुर्ग अब तुम्हारे भरोसे है। राजपरिवार की सुरक्षा अब तुम्हें करनी है।''

''जैसी, आज्ञा। अन्नदाता।'' कांधल ने सिर झुका दिया।

''अब सेना चित्तौड़गढ़ में न रहकर अभी से प्रस्थान कर रणमल के पुत्र जोधा के पीछे जाएगी। कुंतल औ मांझा (चूण्डा के पुत्र) एकनाथ, महपा पंवार और नरबद राठौड़ इस सेना के साथ हैं। मैं स्वयं भी सेना के साथ रहूँगा।'' चूण्डा ने आदेश दिया।

''जैसी आज्ञा, अन्नदाता। किन्तु यह काम आप हमें ही सौंप देते तो ठीक रहता। आपकी अवस्था अब घुड़सवारी की नहीं है।'' महपा पंवार ने हाथ जोड़ कर विनती की।

''महपा। जिस राज्य में क्षत्रिय लोग घर बैठकर औरतों का पल्लू पकड़ लेते हैं, उस राज्य को पतन के गर्त से कोई भी नहीं बचा पाता है। आप मेरी उम्र की चिन्ता नहीं करें। जोधा का पीछा करो, वीरों।''

चूण्डा ने अपने स्वर्गीय भाई को एक बार ओर प्रणाम किया और घोड़े पर चढ़ गया।

जोधा के साथ भागते हुए राठौड़ों के साथ पहली झड़प कपासन के पास हुई। इस झड़प में चरडा, चन्द्रावत, शिवराज, पूना भाटी, भीमा, बेरीशाल, बश्जांग भीमावत, जोधा का काका भीम चूण्डावत (मण्डोर के राव चूण्डा का पुत्र) जैसे वीर यौद्धा जोधा की ओर से काम आए। इन वीरों ने अपने शरीर देकर पीछा करती हुई मेवाड़ी सेना के वेग को कुछ समय तक रोके रखा। इस समय के अन्तराल का लाभ उठाकर जोधा भाग छूटा। उसके साथ बचे खुचे सैनिक भी भागे। दोपहर तक जोधा मांडल के तालाब पर पहुंच गया। सेना ने यहाँ कुछ क्षणों तक विश्राम करना चाहा। यहीं पर राव रणमल को जलांजलि दी और परम्परा के अनुसार जोधा के राजतिलक की प्रक्रिया पूरी की। ज्योंही राजतिलक सम्पन्न हुआ और दूर से धूल के बादल दिखाई दिए। जोधा के सहयोगियों ने तत्काल प्रस्थान किया।

माण्डल के तालाब से जोधा के साथी सीधे अरावली को पार कर मण्डोर पहुंचना चाहते थे। चूण्डा, कुंतल, मांझा, महपा पंवार एवं एका अपनी सेना के साथ राठौड़ों का पीछा कर रहे थे। जब दोनों ही सेनाओं में अन्तर कम रह गया तो राठौड़ों ने अरावली की घाटियों में पुनः लोहा लिया। इस झड़प में जोधा के बचे खुचे सहयोगी भी मारे गए।

मात्र पाँच पचीस सहयोगियों के साथ जोधा बच निकला। अब उसकी यह स्थिति भी नहीं थी कि वह मेवाड़ की बढ़ती सेना के सामने भी आ सके।

चूण्डा ने अपना अभियान जारी रखा। उसके नेतृत्व में बढ़ती सेना ने मण्डोर को जा घेरा। सामान्य सी झड़प के बाद मण्डोर पर चूण्डा का अधिकार हो गया। चूण्डा ने तत्काल प्रशासन को चुस्त बनाने के लिए रणमल के विरोधी राठौड़ों और भाटियों के प्रमुखों को बुलाकर जागीरें बांट दी। मण्डोर राज्य अपने पुत्र कुंतल ओर मांझा को दे दिया। कुछ समय मण्डोर में रहकर चूण्डा चित्तौड़गढ़ लौट आया।

महाराणा कुंभा ने विजयी सेना के सेनापति चूण्डा का सूरजपोल पर भव्य स्वागत किया। हाथी पर बिठाकर पूरे नगर में शोभायात्रा निकाली गई। शोभायात्रा राघवदेवजी जी छत्री के पास विसर्जित हुई। चूण्डा हाथी से उतर कर अपने भाई की छत्री पर गया। एक बार पुनः चूण्डा की आंखें छलछलाई। चूण्डा के स्वर फूटे ''हे भाई। तेरे जीते जी तो मैं तेरे लिए कुछ भी नहीं कर पाया किन्तु तेरी मौत का बदला मैंने ले लिया है।'' आंसू ही व्यक्ति की व्यक्तिगत अक्षय संपदा होती है। वह जब चाहे उसे लुटा सकता है। चूण्डा अपने ही विचारों में खोया था। महाराणा कुंभा ने पूज्य चूण्डा को सहारा देकर छत्री की सीढ़ियों से उतारा। चूण्डा ने इस बार कुंभा को संबोधित किया –

''महाराणा जी।''

''आप यह क्या संबोधन कर रहे हैं पूज्यवर। आपके लिए तो मैं कुंभा ही हूँ।''

''देख बेटा। मेरा निवेदन इस देश के महाराणा से है।''

''आप आज्ञा करें, दाजीराज।''

''आज से मैं सेनापति का भार छोड़ रहा हूँ। मुझे मुक्त कर दें, पुत्र।'' चूण्डा की आंखें एक बार पुनः डबडबाई।

''यह आप क्या कह रहे हैं।'' कुंभा की व्यग्रता बढ़ गई।

''बस......। मेरा संकल्प पूरा हुआ। जब से मैंने राघव की मृत्यु का समाचार सुना, मेरे मन में बदले की आग धधक उठी थी। वह आग आज शांत हो गई। अब मैं किसी भी पद पर नहीं रहना चाहता हूँ। हमारे वंश के पूर्वज बापा के समय से ही वृद्धावस्था में

ईश्वर की आराधना करने की परंपरा चली आई है। अब मेरा मन राजकाज में बिलकुल नहीं है, पुत्र।'' चूण्डा अब तक अपने आपको नियंत्रित कर चुका था।

''जैसी आपकी आज्ञा। आपके स्थान पर आज से पूज्य भैया कांधल मेवाड़ की सेना के सेनापति होंगे।'' कुंभा ने तत्काल निर्णय लिया।

''एक बात और पुत्र।''

''आदेश दें राजीराज।''

मैं कल से चित्तौड़गढ़ को छोड़ दूंगा। मेरा विचार किसी तीर्थ स्थल में जाकर शेष समय को व्यतीत करने का है। मेरी यात्रा का प्रबन्ध करा देना पुत्र।'' चूण्डा के विचारों से सभी अभिभूत हो गए। जीवन भर सिद्धान्तों पर चलने वाला वह बुजुर्ग मरते दम तक अपने वंश की परम्पराओं को किस कुशलता से निर्वाह करता आ रहा था, इस बात की सर्वत्र प्रशंसा होने लगी।

अगले प्रातःकाल चूण्डा अन्नपूर्णा के मंदिर में उपस्थित हुआ। कई लोगों ने चूण्डा के साथ चलने का निवेदन किया किन्तु उसने मना कर दिया। राधादेवी को वह मना नहीं कर सका। एक वृद्ध मित्र ने चूण्डा से पूछ लिया – ''क्यों भाई चूण्डा। यह पक्षपात कैसा?''

''कैसा पक्षपात मित्र।'' चूण्डा ने पूछा।

''कई लोगों को अपने साथ चलने से मना किया किन्तु कुछ लोग आपके साथ जा रहे हैं। क्या इसका कारण बता सकोगे?

''बात बहुत स्पष्ट है, मित्र ! राधादेवी मुझे जीवन भर चाहती रही। मेरे मन में भी उसके प्रति बहुत आदरभाव रहा किन्तु वह ब्राह्मण कन्या थी और मैं क्षत्रिय। मैं नहीं चाहता था कि सिसोदिया वंश को कलंक लगे। अतः हम दोनों जीवन भर दूरी बनाए रखकर भी भावनाओं में एक दूसरे के साथ रहे। अब हम चाहते हैं कि ईश्वर के दरबार में बैठकर ऐसा कुछ करें कि अगले जन्म में तो हम साथ रह सकें।''

''और यह भारमली।'' बुजुर्ग मित्र पूछे बिना नहीं रह सका।

"यह भी अब जीवन से ऊब चुकी है। वह उसकी धर्म की माता के साथ रहेगी और हमारी सेवा करेगी। इसके पिता डोम महाराज को भी साथ ले जा रहा हूँ। अपनी पुत्री के साथ रहकर वह भी अपना शेष जीवन पूरा कर लेगा।"

मंदिर में आरती आरंभ हो गई। सभी का ध्यान महाराणा हमीर द्वारा स्थापित अन्नपूर्णा की प्रतिमा की ओर चला गया। शंख, घड़ियाल, झालर, मांदल, टोकर, ढोल, नगाड़े, घंटिया आदि एक साथ बज उठे। देवी माँ के जयघोष के देवालय गूंज उठा। भक्तों ने अपने – अपने भावों से स्तुतियाँ गाई। आरती के पश्चात प्रतिमा के समक्ष सिर टेक कर प्रणाम निवेदन किया। कुंभा ने चूण्डा के पैर छुए। चूण्डा ने कुंभा को छाती से लगा दिया। विदाई की इस वेला में काका और भतीजे देर तक अश्रुपात करते रहे। पुजारी ने देवी प्रतिमा का निर्माल्य और देवी की धारण की हुई पुष्पों की माला चूण्डा को प्रदान की। चूण्डा ने अपने उतरीय को फैला कर देवी के प्रसाद को ग्रहण किया। पुजारी ने स्वास्ति वचन किया।

"………. स्वस्ति नो बृहस्पतिर्ददातु।"

www.ingramcontent.com/pod-product-compliance
Lightning Source LLC
LaVergne TN
LVHW101945220826
846093LV00006B/117